知識ゼロから2時間で
ツボがわかる！

お金の増やし方
見るだけノート

監修
伊藤亮太
Ryota Ito

宝島社

知識ゼロから2時間でツボがわかる！

お金の増やし方
見るだけノート

監修 | 伊藤亮太 | Ryota Ito

宝島社

勉強すれば初心者でも
お金は増やせる

　「万が一のときに使えるお金が全然貯まらない」「将来、子どもができたときに養育費を支払えるのだろうか」「老後の生活資金はどうしようか」といった、お金に対する悩みをお持ちではないでしょうか?

　その背景にあるのが、長引く不景気に加え、戦争や為替変動などの影響による急激な物価の高騰があります。生活に欠かせない食料品は次々に値上げが発表され、電気代やガス代も驚くほど高くなっており、ネガティブな感情にならざるを得ません。

　そこで、ひとつの解決策として提案するのが「投資」です。私はファイナンシャルプランナーとして、長年お客様のお金にまつわる悩みを解消する手助けを行ってきました。個人の家計に関する不安から、法人の経営

支援までを行うなかで、投資をすることのメリットは非常に大きいと感じています。

　投資というワードを聞くと、「損をするのではないか」「私にはきっと難しすぎる」と思う人もいるでしょう。たしかに投資は、利益が出る場合もあれば損失が出る場合もあります。しかしながら、ギャンブルのようにイチかバチかで勝敗が決まるものでもありません。

　投資で最も重要なのが、お金のしくみや知識など、基本的な情報を理解すること。そして、無理をしないことです。そうすれば、想像しているよりもずっと安全にお金を増やすことができます。

　本書では、お金にまつわる基本的な知識にはじまり、手堅い投資先である投資信託、よりリターンを狙える株式投資について解説しています。イラストをたくさん使うことで初心者の方にもわかりやすく理解できるように工夫しました。

　みなさんがお金に対して抱いている不安がなくなるよう、本書がその一助となれば幸いです。

伊藤亮太

投資をする前には
何をすればいいの？

投資はお金を増やすための有効な手段のひとつ。実際にはじめる前に知っておきたいこと、準備したいことをまとめました。

知っておきたい投資のこと

①投資で生まれた利益には税金がかかる

投資をして得た利益はそのまま自分の資産になるわけではありません。源泉徴収や確定申告によって税金が引かれた金額が利益になります。

証券会社

利益の20.315%を税金として徴収されます

価値が急降下しています……！

②100%お金が増えるという保証はない

投資にはさまざまな種類がありますが、どれも程度の差はあっても必ずリスクがあります。場合によっては、元本割れを起こして損失が出る可能性があることを忘れないようにしましょう。

生活費を投資に回すのはNG！　ある程度の資金を用意してからはじめるのが鉄則です。

投資の前に準備したいこと

もうちょっと
節約できるところは
どこだろう？

①家計を見直す

毎月どこにいくらくらいのお金
を使っているのか、支出をしっ
かり把握することが大切です。
そこから家計を見直し、投資に
回せるお金を確保しましょう。

万が一
働けなくなったときの
ために！

将来マイホームを
買うときの頭金に
しよう！

老後の
生活費に
したい！

②明確な目標を決める

お金を増やして何をしたいのか、
いつまでにどれくらい増やしたい
のか目標を設定します。

しっかり準備をしてからはじめれば、安心が得られるだけでなく、その後の
モチベーションにもつながります！

投資をするときの心得

投資はただ自分のお金を増やすだけではありません。価値のあるモノやサービスを生み出す企業に出資することで社会全体を豊かにする活動でもあります。

投資の本質は……

投資は自分の人生や社会全体を豊かにすること！

本書で紹介する投資の種類

投資初心者はまずここから！

お任せだから
ラクで安心

投資信託

資産運用を専門とする会社にお金を預けて、プロにすべて任せる投資のこと。お金を複数の対象に分散させるため、リスクが低いという特長があります。

もっと大きなリターンがほしくなったら！

もっと資産を
増やしたい

株式投資

出資者が企業の株式を購入する投資のこと。価格の変動が大きい上に売買するタイミングを自分で管理する必要があるため、投資信託よりもリスクは上がりますが、より多くの利益を狙うことができます。

本書でわかる
お金の増やし方

本書ではお金をできるだけ堅実に、安全に増やすための方法が学べます。
そのために実践したいことを7つの項目にまとめました。

Chapter1
お金の貯め方

投資をはじめるために必要な
資金の貯め方を紹介します。

Chapter2
保険

万が一のときのために備えてお
くべきなのが保険。基本的な
知識を押さえておきましょう。

備えがあれば
安心だね

基本

Chapter3
投資の基本

押さえておくべき投資のキホン
のキをわかりやすく解説します。

Chapter4
投資信託

投資初心者におすすめの投資信託の特徴を紹介します。

Chapter5
NISA

最近、 頻繁に耳にするNISA。本書では主につみたてタイプ（つみたてNISA）を紹介します。

Chapter6
iDeCo

老後の資金をつくるのに最適な方法が iDeCo です。メリットやほかの投資信託との違いを解説しています。

Chapter7
株式投資

投資信託の次に挑戦したいのが株式投資。しくみや大きなリターンを生むポイントを紹介します。

知識ゼロから2時間で
ツボがわかる！

お金の増やし方
見るだけノート
Contents

Chapter1
お金を貯めることが
投資への
第一歩

Chapter2
投資の前に
備えることも
考えよう

Chapter3
押さえておくべき
投資の基礎知識

Chapter4
投資信託で
堅実に
資産を増やす

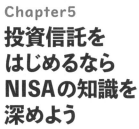

Chapter5
投資信託を
はじめるなら
NISAの知識を
深めよう

Chapter6
老後資金への 不安は iDeCoで 解消する

Chapter

1

JIKANJUTSU
mirudake notes

お金を貯めることが
投資への第一歩

お金を増やす最短ルートは投資を行うこと。「投資をする金銭的な余裕なんてない」という人は、家計の見直しや上手なお金の使い方を知れば、貯金ができるようになる可能性が十分あります。そこで本章では、投資に必要なお金の貯め方を紹介していきます。

01 昔よりも所得が 減っている現状がある

所得が減っているなか、将来に不安抱く人も多いはず。年金だけに頼らず、老後に向けた資産形成をしていくことが大切です。

近年の日本の世帯所得の中央値は、25年前に比べて約130万円減少しています。さらに、退職金の額も減少しており、今後もその状態が続くことが予想されます。つまり、普通に働いているだけでは**老後資金**を調達できない可能性が高いのです。仕事で得られるお金のほかに、自分で資産を運用し、老後に向けて対策を練っていく必要があります。

年々所得は減少している

所得に加え、退職金の額も年々減少の一途をたどり、老後の資金をこれらに頼ることができない状況にあります。将来を見越し、計画的に資産を形成していくことが必要です。

老後に向けた資産運用として、定期預金を思い浮かべる人も少なくないでしょう。しかし実は、定期預金は低金利の状態が続いており、あまり利益を見込めないのが現状です。老後資金を準備するために、現状と将来を見据えて、最適な資産形成の方法を見出していきましょう。**長い目で、コツコツ資産を増やしていける方法がおすすめ**です。

定期預金では十分な利益が見込めない

02 貯金ができない原因を把握する

貯金ができない理由を明確にすることが貯金への第一歩です。
浪費癖がないか、日ごろの習慣を見直しましょう。

貯金したいと思っているのに、うまくいかない理由はなんでしょう。**原因がわかっていなければいくら収入が増えても貯金額は増えません**。自分へのご褒美につい趣向品を買ってしまう、スマホのゲームアプリに課金し続けている、などが習慣化しているならたとえ少額でも見直しが必要です。ジムや習いごとも、サボり気味になっているなら散財の原因につながってしまいます。

貯金をはじめる前に見直したい習慣

家計を見直すとさまざまなムダ遣いが見つかるかもしれません。

確実に貯金をするためにはお金を計画的に使うことが大切です。月末に余ったお金を貯金に回そうと思っても、無計画に浪費していては「今月も貯金できなかった」という事実だけが残ります。将来に不安を感じたり、大好きな趣味も楽しめなくなってしまったりするかもしれません。貯金ができない理由がわからないままだと焦燥感に駆られ、気持ちにも余裕がなくなってしまいます。

「余ったお金」では貯金できない

03 先取り貯蓄こそが 貯金の王道ルール

給与が入ったら使い込む前にまずは貯金。
家計簿をつける時間がない人でも、確実に貯蓄を増やせます。

毎月貯金をする最も簡単な方法は、**先取り貯蓄**をすること。月の初めに給与口座から別の貯金用口座にお金を移します。**まずは手取りの10%を貯金することからはじめましょう。** 貯金ができたら、生活費はすべて残った現金で支払います。使えるお金を制限することで「本当にお金を支払う必要があるのか」を自然と考えるようになり、衝動買いなど不必要な出費を減らすことができるのです。

給与が入ったらまずは貯金用口座へ

今月の手取りは
21万円だ

3万円を
貯金用口座に
移して……

残りは18万円。
ムダ遣いは
できないぞ

現金払いの生活の中で、クレジットカードやキャッシュレス決済、ボーナス払いをしたくなるかもしれませんが、貯金のトレーニングだと思ってグッと我慢。ボーナスは会社の業績によって大きく変動します。臨時収入に頼っていては支払えなくなる可能性もあるでしょう。臨時収入で生活費を補填する生活は極力避け、自分が満足できる有意義な使い方を心がけてください。

現金で生活できればボーナスの自由度UP

ボーナスに頼らなくても生活できるのが大前提。ボーナスは「貯金を増やす」「自分へのご褒美や家族のために使う」「時短家電などを購入し生活を向上させる」などの使い方がおすすめです。

04 上手なやりくりは 固定費削減がカギ

支出には変動費と固定費があり、最優先で見直すべきは固定費。2つの支出の違いを確認しましょう。

支出は大まかに変動費と固定費に分けられます。現金でのやりくりが厳しい場合、まずは**固定費削減**を検討しましょう。食費や被服費などの変動費は節約しやすい面もありますが、節約額が把握しにくく長続きしないことも。一方、**固定費は一度見直すだけで削減でき、その先も無理せず続けられます**。毎月決まった額を節約できるため効果は抜群。手間をかけて見直しする価値ありです。

支出には変動費と固定費がある

変動費の削減が長続きしないのは、手間がかかり我慢を強いられる場面が多いためです。安さを求めてお店をはしごしたり、やりたいことやほしいものを我慢し続けていてはストレスばかり溜まってしまいます。貯蓄を増やすために長期的な節約を考えると、いきなり変動費を削るのは難易度が高く現実的ではありません。節約する支出に優先順位をつけ、できるところから見直しましょう。

変動費の削減は簡単そうで続かない

お金を使うことは生きる上でとても大切なこと。無理のないようにやりくりしましょう。

05 支出している固定費を すべてチェックしよう

支払っているすべての固定費を洗い出し、不必要な支出を削減。
確実に貯蓄を増やしていきましょう。

固定費の洗い出しは毎月の支出を把握する上での必須項目。毎月同じ、またはほとんど変わらない**固定費がいくらあるかを明確にして不必要なものを見直します**。金額が高いものほど節約効果は高いですが、はじめやすいものからでかまいません。使っていないサブスク代や新聞代の削減は、たとえ少額でも長期的に考えれば大きな節約につながります。本当に必要な固定費だけを残しましょう。

少額でも固定費削減の効果は高い

主な固定費として、家賃やローンなどの住宅費、水道光熱費、ネットやスマホ代、習いごとのお稽古代、クレジットカードの年会費、動画や音楽などのサブスク代が挙げられます。下のリストを参考に、支出の割合や利用頻度を確認してみましょう。見直す順番は特にありません。必要に応じて解約や代替品に変えるだけで、これから先の未来まで節約できます。

見直したい固定費一覧表

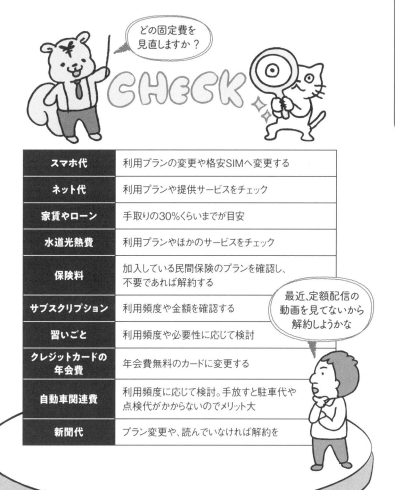

どの固定費を見直しますか？

CHECK

スマホ代	利用プランの変更や格安SIMへ変更する
ネット代	利用プランや提供サービスをチェック
家賃やローン	手取りの30%くらいまでが目安
水道光熱費	利用プランやほかのサービスをチェック
保険料	加入している民間保険のプランを確認し、不要であれば解約する
サブスクリプション	利用頻度や金額を確認する
習いごと	利用頻度や必要性に応じて検討
クレジットカードの年会費	年会費無料のカードに変更する
自動車関連費	利用頻度に応じて検討。手放すと駐車代や点検代がかからないのでメリット大
新聞代	プラン変更や、読んでいなければ解約を

最近、定額配信の動画を見てないから解約しようかな

06 1カ月分の支出を しっかり管理する

変動費は1カ月分のレシートをまとめて管理。無理に削減せず
メリハリを持って使うことを意識しましょう。

固定費を削減できたら、次のステップでは**変動費**を確認しましょう。支出の内容がわかれば大体の予算がわかり、現金だけでの生活も送りやすくなります。**買い物をしたらレシートをもらう癖をつけ、月末に集計して支出内容と金額をまとめます**。1カ月分の確認が難しいようなら1週間分だけでもOK。まずは、大まかな変動費を把握することからはじめてみましょう。

レシートを保管して変動費を把握する

変動費の見直しも大切ではありますが、我慢しすぎてストレスを溜め込んでしまうなら要注意。自分だけではなくまわりの人や家族も戸惑い、長期的な節約が難しくなるかもしれません。何にお金を使い、どこを節約するのかを考え、自分や家族に合った節約方法を見つけてください。これまでかかっていた変動費を完全に削減するのではなく、代替案を検討するのもおすすめです。

できることからチャレンジ

すべてをあきらめるのではなく、
できることからチャレンジしましょう。

07 家計の見直しに注目すべきはスマホ代

毎月かかるスマホ代は真っ先に見直したい固定費です。
格安SIMに乗り換え、毎月の支出額を抑えましょう。

今すぐできて大きな節約につながるのがスマホ代です。従来通りのスマホサービスを利用しているなら**格安SIM**への乗り換えがおすすめ。**格安SIMはほぼ同じ内容を月額数千円程度で利用できるサービス**で、データ通信量に合わせたわかりやすい料金形態です。まずはデータ通信量を確認し、どれくらい抑えられるのか試算してみましょう。

同じデータ通信量でも格安SIMならお得

格安SIMには大手携帯電話会社の通信回線を借りて使うMVNOと、そのまま使う大手携帯電話会社のサブブランドがあります。UQ mobile、Y!mobileなどはサブブランドで、通信速度が安定しているのが特徴です。キャリアメールは使えませんが電話番号は変わりません。格安SIMの実店舗も増えており、乗り換えの手続きをサポートしてもらうことも可能です。

格安SIMのハードルは低い

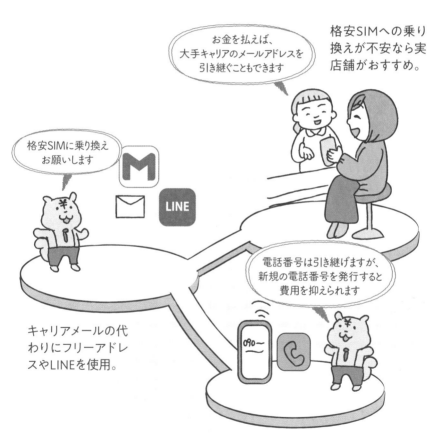

格安SIMへの乗り換えが不安なら実店舗がおすすめ。

お金を払えば、大手キャリアのメールアドレスを引き継ぐこともできます

格安SIMに乗り換えお願いします

電話番号は引き継げますが、新規の電話番号を発行すると費用を抑えられます

キャリアメールの代わりにフリーアドレスやLINEを使用。

電話番号は変わりません。

08 お得なふるさと納税について知っておこう

節税になるふるさと納税を実際にやっていないという人は、まずはそのしくみを理解しましょう。

ふるさと納税は、自分の生まれ育った地域のみならず、自分の応援したい地方自治体に寄付できる制度です。ふるさと納税で寄付として納めたお金のうち、2000円を差し引いた金額が、所得税や住民税の控除に充てられます。つまり、**税金を前払いしつつ、2000円で地方の特産品や工芸品などが購入できるお得な制度です。**

ふるさと納税のしくみ

ふるさと納税の返礼品は、寄付額の3割以下と決まっています。たとえば1万円の寄付なら3000円相当以下の返礼品、2万円の寄付なら6000円相当以下の返礼品がもらえます。寄付額が高いほどリターンが大きくなるといえるでしょう。また、どの自治体に寄付するか、どの特産物を返礼品でもらうかは自由に選ぶことができます。

寄付額が高いほどリターンも大きい

09 貯蓄を考えるならまずネット銀行のよさを把握

本格的にお金を貯めるなら、ぜひネット銀行を活用しましょう。
その理由とネット銀行の選び方を解説します。

ネット銀行とはインターネット上で利用できる銀行のこと。**一般的な銀行と比べて実店舗がない分、手数料が安く金利が高い**という特徴があります。先取り貯蓄を賢くやるには、貯金額がすぐわかるように、給与口座とは別のネット銀行に新たに口座を開設するのがおすすめです。そこに貯めていくことで、ネット銀行ならではのメリットを享受しつつ、確実にお金を貯めていくことができます。

ネット銀行は貯金額がすぐわかる＆高金利

口座にいくら貯金できたかな〜

金利が高くて貯金しやすい

BANK

手数料や金利はネット銀行によってそれぞれ異なりますが、実店舗がない分お得になっています。

ネット銀行の魅力はまだあります。たとえば、グループ会社の証券と連携すると金利が大手銀行の約100倍つく銀行や、他行への振込手数料が無料になるサービスを受けられる銀行もあります。もちろん、ネット銀行も「預金保険制度」があるので安心。ただ、ネットワーク障害の発生時や災害時を想定し、実店舗のある銀行にも1～2カ月分程度の生活費を預けておくのがいいでしょう。

ネット銀行の特長（一例）

※利用頻度や取引条件によりサービスの内容は異なります。

10 貯蓄用口座はネット銀行に移すのが正解

本格的に貯蓄をはじめる場合、貯蓄専用口座をつくることが大切。
ネット銀行で専用口座をつくり、給与が入ったら移動させましょう。

ネット銀行の魅力を知り、追加で口座を開設する方もいると思います。その場合、前から持っている口座と上手に**使い分け**ましょう。使い分けの方法は大きく分けて2パターン。**給与の振り込み口座を指定できるかどうか**です。指定できる場合は、自動振り込みサービスのあるネット銀行をメインで運用し、貯蓄分はさらに高金利なネット銀行に移すのが望ましいでしょう。

メイン口座をネット銀行に

自動振込サービスは、毎月指定日に指定金額を自動的に振込できます

自動的に先取り貯蓄ができるからラクラク

お給料

自動振込サービスのあるネット銀行

高金利なネット銀行

給与口座を自分で指定できない場合は、給与が振り込まれる口座の銀行をメインにします。その場合、貯蓄用には無料の定額自動入金サービスがあるネット銀行を選びましょう、それにより、手間とコストをかけずに先取り貯蓄が可能になります。メインと貯蓄用以外にも、メインの振込無料回数を超えた場合に使うサブ口座もネット銀行で開設しておくと便利です。

貯蓄用・サブ口座をネット銀行に

メインバンクは生活費、サブバンクは固定費の支払いなど、
用途によって使い分けると資産が管理しやすくなります。

11 貯まったお金の使い道を決めておこう

お金がある程度貯まってもすぐに使うのはNGです。
使い道別に3つに分けてしばらくは貯め続けてください。

お金をとりあえず貯めればいいと思っていませんか。貯蓄にも優先順位があり、まずは**生活防衛資金**を貯めることが大切です。**失職や病気などで収入が途絶えた際に自分の生活を維持するためのお金**と考えてください。貯める金額は職業や生活スタイルによって異なりますが、目安としては**会社員の場合は生活費×半年分、個人事業主なら1～2年分を貯蓄**しておくと安心です。

まずは生活防衛資金を貯めて！

使ってばかりいて大丈夫かな……

生活防衛資金

万が一の事態がきても安心

生活防衛資金の次に貯めておきたいのは、留学費用や車の購入費用などの比較的すぐに使う予定のお金です。その次に貯めておきたいのが余裕資金といわれるもの。これは当分使わないお金のことで、まだ結婚していない人なら将来の子どもの教育費、定年後の老後資金などがそれにあたります。しばらく使わないお金なので、投資に回して「お金を育てる」のもいいでしょう。

次は近いうちに使う資金と余裕資金を貯蓄

12

お金は貯め込めば
いいというものでもない

老後に向けて節制ばかりしていては、息が詰まってしまいます。
適度にお金を使い、人生を楽しみましょう。

これまで紹介してきたように、老後に備えて貯蓄を増やしていくことは大切です。しかし、お金を貯めることにばかり意識が向き、目の前の生活をおろそかにしてしまうことは、褒められるものではありません。たまにはほしいものを奮発して買い、**メリハリ**の効いたお金の使い方をすることで、日常生活をもっと楽しいものにすることができます。

お金は生活を楽しむためのもの

住宅や自動車などの高額なものを買いたいときは、**ローン**を組むという手があります。しかし、これはいってみれば借金です。**月々にいくら支払い、どのくらいの期間で返済し終わるのかをしっかりと考えておくことが重要になってきます**。購入するものによってさまざまなローンがあるので、金利や月々にかかるお金を確認し、計画的に返済ができるかを検討して決めましょう。

高額なものはローンで購入するという手も

Column 01

お金を貯める秘訣は
計画性の有無

　お金をなかなか貯めることができない、という人は多いのではないでしょうか。その主な原因は、浪費にあると考ええます。どれだけ収入があっても、支出が多ければお金は減っていく一方です。お金を貯めるには、支出に計画性を持たせることが重要になってきます。

　支出を計画的にコントロールするためには、まず貯金の目標を設定することが必要です。たとえば、「2週間後までに1万円の貯金をする」という目標を立てるとします。このとき、所持金が2万円だとすると、2週間で使える最大のお金は1万円、1日あたり700円程度です。支山が1日700円を超えないようにする、もしくは今日はお金を使わず、その分明日は1400円以内の買い物をするというように、計画的にお金を使わなければなりません。

　いつまでに、どのくらい貯金をするのかを決めることで、その目標に合わせたお金の使い方を意識できるようになるのです。

☑KEY WORD

先取り貯蓄

お給料が出るタイミングで、給与の一部を先に貯蓄に回し、残ったお金で生活する貯蓄方法です。残ったお金でやりくりすることで、お金の使い方が賢くなる上に、もしものときに使える貯蓄を確保しておくこともできます。

☑KEY WORD

固定費の洗い出し

ムダに支払っているお金を削減したいなら、まず固定費の洗い出しを行うのがおすすめです。固定費は、毎月必ずお給料から減っていくもの。それが少しでも抑えられれば、それだけで自由に使えるお金が増えることになります。

☑KEY WORD

格安SIM

格安の料金で利用できる通信サービスのことです。スマホ代を安く抑えることができれば、大幅な固定費削減につながります。さまざまなブランドが多種のサービスを展開しているので、自分のスタイルに合ったものを選びましょう。

☑KEY WORD

生活防衛資金

万が一のときに、自分の生活を守るためのお金を生活防衛資金といいます。会社が倒産したり、けがや病気で入院したりしたときに備えて、最低限必要な生活費の半年分ほどを目安に資金を貯めておくとよいでしょう。

投資の前に
備えることも考えよう

人生はいつ何が起こるかわからないもの。備えができていないと、もしものときに手遅れになってしまいます。社会保険や民間保険について理解を深め、今からしっかり備えはじめましょう。投資の前に、まずは人生のリスクに備えた事前準備をしておくことが大切です。

01 人生は順風満帆とは いかないこともある

いつピンチに陥ってもおかしくないのが人生。うまくいかないときのことを考えて、備えておく必要があります。

人生は何が起こるかわからないもの。突然、職を失ったり、病気や事故によるけがで入院が必要になったりすることもあるかもしれません。そのときになってあわてて対応しようとしても、ちゃんとした備えがなければ手遅れになってしまいます。そうならないために、**人生のリスク**に備えて事前に準備しておくことが大切です。

人生は何が起こるかわからない

**万が一の備えとして、貯金や保険への加入、家族との事前の話し合いをしておくの
がおすすめ**です。自分のことだけでなく、家族のことも視野に入れて、どんなリスクがあるか考えておくとお互い安心できるでしょう。備えには時間がかかるものなので、思い立ったらすぐにでも取りかかると、あとになって後悔せずにすみます。

万が一のときのために備えよう

身につけておきたい 最低限度の保険の知識

02

保険について知ることで、もしものときのスマートな保障の受け方を学びましょう。

国民は原則、**社会保険**という病気や介護、失業に備えた公的な制度に加入しています。社会保険にはさまざまな種類があり、そのひとつである健康保険は、病気やけがで治療が必要なときに、その治療費や仕事ができない間の生活費を国が負担してくれるというものです。このほかにもさまざまな保障が備わっているので、社会保険だけでも十分なサポートを受けることができます。

社会保険の種類

社会保険でまかないきれない場合には、**民間保険**を視野に入れましょう。たとえば、病気やけがの治療で入院が必要になったとき、治療や診療には健康保険が適用されますが、入院費には適用されません。こうした**公的な保障では足りない部分を民間保険で補う**のがおすすめの方法です。民間保険は目的に応じてプランが選べるので、自分に合ったものを見つけましょう。

民間保険で足りない分を補填

社会保険ではカバーしきれないところを民間保険で備えておくと、もしものときに安心です。民間保険は必要なものに加入し、必要度合いが薄れたものは解約しお金を節約しましょう。

03

社会保険でも十分な サポートが受けられる

国の保険だけでも、実はかなりよいサポートが充実しています。特に公的医療保険は、私たちの生活に深く浸透しているのです。

国が用意し、国民が原則みんな加入している社会保険。そのなかでも今回は、**公的医療保険**に注目して見ていきましょう。公的医療保険は、けがをした際の治療費や生活費を補助する制度です。公的医療保険とひとえにいっても、会社員は健康保険、公務員は共済組合、自営業者は国民健康保険というそれぞれ別の種類に加入しています。

公的医療保険は人によって種類が違う

僕は健康保険だね

私は共済組合です

私は国民健康保険だよ

公的医療保険は、会社員や、自営業者など加入者によって種類が違い、その内容にも多少違いがあります。

医療保険の主なサポートは、**医療費の自己負担額を軽くすること**。病院の窓口で治療費を支払うとき、実は本来よりも安い額ですむようになっているのです。このほかにも、出産したときに出生児1児につき50万円が支給される出産育児一時金や、傷病で働けなくなった際に日給の3分の2が支給される傷病手当金というサポートなどもあり、かなり充実した内容となっています。

公的医療保険の主なサポート

出産してしばらく仕事ができないけど、手当が出るから助かるな

通院が多くて医療費が高くなっても、自己負担額の限度を超えたら払い戻されるから安心

医療費が3割負担で助かる

けがで仕事ができない間も、傷病手当金があるからしばらくは大丈夫だ

出産育児一時金は2023年3月31日以前は42万円の支給となっています

04 大きなけがや病気をしても国が支えてくれる

高額な医療費がかかってしまう場合でも、ちゃんと保障を得られるようになっているのです。

事故や傷病、長期の入院治療のために治療費が必要になった際に、あまりに高額な費用だと個人の貯蓄ではなかなか支払うのが難しいもの。そんな大きな負担を支えてくれるのが、公的医療保険の**高額療養費制度**です。これは、医療費の自己負担額が一定の限度額を超えていれば、その超過分をあとで払い戻してもらえる制度です。

高額療養費制度とは？

医療費が高額になってしまったときに、ひと月の自己負担額が限度額を超えていれば、その超えている分の料金が払い戻されます。

高額療養費制度では、加入者の所得によって自己負担の限度額が異なります。また、加入している保険によって申請の仕方が違っていたり、限度額が低く設定されていたりします。負担分は少なければ少ないだけよいものなので、保険額に対して余分に医療費を支払ってしまっていないか、自分や家族の加入している保険を調べてみましょう。

医療費を余分に支払っていないか見直そう

高額療養費制度を利用する際は、申請を忘れずにしておきましょう。また、あらかじめ限度額適用認定証を提出すれば、自己負担超過分の医療費を立て替えずにすみます。

05 公的年金の内容を知っておこう

老後にもらう年金以外にも、実は公的年金にはさまざまな種類があるのです。

社会保険のひとつである年金保険には、会社員や公務員が対象となる厚生年金と、自営業者が対象となる国民年金があります。どちらも、主なサポート内容は3つです。ひとつ目は、**公的年金**といえば誰もがイメージするであろう老後年金です。原則65歳以上になると支給されます。ただし、保険料を納めた期間が10年以上あることが条件となるため、注意が必要です。

公的年金は主に3種類

働けなくなったときや生活を支えていた家族が亡くなったときなど、ピンチに陥った国民を支えるしくみとして、さまざまな公的年金が用意されています。

2つ目は、けがや病気により、日常生活や労働に困難が生じた場合に支給される障害年金。3つ目は、公的年金の被保険者が亡くなった場合に、その方によって生計を維持されていた遺族に支給される遺族年金です。**年金は老後年金だけでなく、ほかにもさまざまなリスクに備えたものがある**のです。民間の保険に入らなくても、社会保険だけで意外とまかなうことができます。

06 民間保険の加入は しっかり検討しよう

自分に必要な保険なのか、現状をしっかり分析して、見直してみましょう。

漠然と「何か保険に入っておいたほうがいいのかな」と考えてはいませんか？ **実は、ムダに民間保険に加入してしまっている人が多い**といいます。そもそも保険とは、何かトラブルがあったときに金銭面で困らないよう、保障を得られるものです。トラブル時に何とかできるだけの十分な蓄えがある人は、わざわざ保険に入る必要はありません。

ムダに加入している人が多い民間保険

保険への加入は、予想外の出来事に備えたい、かつ、そのときに対応できるほどの経済力がない場合に**検討**することがおすすめです。人によって必要とする保険は違いますが、条件に当てはまらないのであれば、今加入している保険を見直したほうが得策といえるでしょう。必要のないところに、お金を使ってしまっている可能性があります。

本当に必要な保険か見直そう

07 実は割安な掛け捨ての保険はお得

掛け捨て保険は、支払ったお金が返ってこないからといって、不利益な保険というわけではありません。

支払った保険料が返還されることのない、**掛け捨て**保険というものがあります。お金が戻ってこないということで、貯蓄型の保険よりも損をしているように感じるかもしれません。しかし実は、掛け捨てにはメリットがあるのです。ここで重要なのが、保険の本来の目的が将来に備えた貯蓄ではなく、どれだけ保障が得られるかにあるということです。

掛け捨て保険とは

保険料を払うと

保障を得られるけど、解約時や保証期間満了時の返金はないよ

保障

掛け捨て保険は、保険料を支払って保障のみを得るシンプルなしくみ。貯蓄型との違いは、保険を解約したときや保証期間を満了したときに返金がないということです。

保険は、少しの支出で大きな保障を得られることに魅力があります。掛け捨てならば、貯蓄型に比べて低予算で同等の保障を得ることができるため、「保障」という本来の目的に焦点を合わせたとき、かなりお得な保険のスタイルだといえるでしょう。しっかり保障を得ながら毎月の保険料を安く抑えたいならば、ぜひ掛け捨て保険を検討してみてください。

保険の目的はあくまで「保障」

保険には入りたいけど、新卒社員で収入も少ないしな……

掛け捨て保険なら、貯蓄資金がない分、保障のための料金だけですむから安い

貯 保 保

もしものときに、収入が少なくても保障が得られて安心！

保険の本来の目的は、貯蓄ではなくあくまでも保障です。万が一のときに回せる資金が少ない人は、安い保険料でしっかりとした保障が得られる掛け捨てがおすすめです。

08 住宅にはちゃんと保険をかけておく

自分が病気やけがをした場合に加えて、災害やトラブルで住まいに何かあったときの場合に備えておくことも大切です。

いつ私たちの身を襲うかわからない自然災害。自分の身を守るのはもちろんですが、**住まいが被害にあったときのことも考えておくと安心**です。もし地震や火災で住まいが壊れてしまっても、ちゃんと保険にかけておけば、補填のための資金をもらうことができます。また、住まいそのものだけでなく家具や家電、衣服などの家財も補償してくれるサービスがあります。

住宅にも保険は必要

家を保険にかけてなかったから、建て直す資金がないどうしよう……

自分の家が火事になるなんて……

火災保険は、火災だけでなく、水災や倒壊、盗難などさまざまな被害を補償してくれるというもの。物件の購入時や、賃貸契約の際に加入を求められることがほとんどで、入っておくとかなり安心できます。保険会社や、補償の対象を何にするかによって保険料が違うので、比較しながら自分に合ったものを選びましょう。

火災保険はさまざまな災害に対応

さまざまなリスクから守る火災保険は、入っておいたほうがいいでしょう

水災

どうしよう家が〜

倒壊

ひひっ ばれてないな

泥棒

火災保険は、火災以外にもさまざまな被害に合わせた補償を得られます。しかし、地震の補償は含まれていないため、地震保険への加入も検討しましょう。

Column 02

年金は支払って おいたほうがいい

　会社員なら毎月の給料から天引きされている年金保険料。自営業者の人なら自分で納める必要があります。しかしなかには、年金を支払いたくないから、面倒くさいからと、未納のまま過ごしている人も。そんな人は、将来年金がもらえず困ってしまうかもしれないので要注意です。

　年金は、最低でも10年間は加入していないともらうことはできません。この年金の財源の半分は、国民が支払う税金でまかなわれています。税金は国民なら誰しも必ず支払っているもの。年金を受け取れないということは、これまでに支払った税金の一部が返ってこないということと同じなのです。

　働いている今はよくても、定年を迎え、落ち着いてのんびり過ごしたい老後に年金がもらえないとなると、結局困るのは自分です。さらに、日々支払っている税金が返ってこないのは、損でしかありません。そのときになって後悔しないように、今からちゃんと年金は支払っておきましょう。

☑KEY WORD

公的医療保険

けがや病気をしたときに、その医療費や必要な生活費の一部を公的な機関が負担する制度です。医療費の自己負担額が3割ですむほか、さまざまなケースに合わせた手当金が用意されています。

☑KEY WORD

高額療養費制度

公的医療保険のサポートのひとつで、ひと月にかかった医療費の自己負担額が限度額を上回った場合に、その超過分をあとで払い戻してもらえる制度です。先に申請しておけば、払い戻しではなく、差し引いた額だけを支払うこともできます。

☑KEY WORD

公的年金

公的医療保険と同様に、国が運営する社会保険のひとつです。主に、「老後年金」「障害年金」「遺族年金」の3つに分けられます。老後にもらうイメージの強い年金ですが、実はさまざまなピンチに備えた内容となっています。

☑KEY WORD

掛け捨て

支払った保険料が返還されないのが掛け捨て保険です。貯蓄型保険よりも保険料が低額ですみ、同等の保障を得られるという魅力があります。収入が少なかったり、出費が多かったりして保険料にあまりお金をかけられない人におすすめです。

3 Chapter

JIKANJUTSU
mirudake notes

押さえておくべき
投資の基礎知識

まったく知識のないまま投資をはじめてしまうと、失敗する危険が高くなり、さらには甘い話に乗せられて詐欺被害に遭ってしまう可能性も。投資の基礎知識を身につけ、しっかりと理解した上で運用をはじめることが、利益を得るための近道なのです。

01 投資をするのは ひとつの戦略

支出を抑えるだけでなく、ときには投資でお金を増やすことも視野に入れておきましょう。

お金を貯めるためには、支出を減らすことが大切。しかし時には、今あるお金を増やすために、一歩踏み出す必要があります。そこでおすすめの**戦略**が資産運用です。資産運用として定番だった定期預金は、近年続く低金利政策で、利用しても資金がほとんど増えないのが現状です。ほかの手を探したほうが賢明といえるでしょう。

資産運用で貯蓄を増やす

今注目すべきお金の増やし方は、投資です。さまざまな種類があり、100円という少ない額からはじめられるものもあるので、自分に合ったものを選ぶことができます。しかし、投資にはリスクがつきもの。**しっかりとした知識を身につけ、損失や詐欺から身を遠ざけることが大切**です。自分で投資のよし悪しを判断できるようにしていきましょう。

自分に合った投資で資産形成を

投資が気に
なっていて

将来に向けて
今からやると
いいかもね

投資の知識を
しっかり身につけて、
自分たちに最適なものを
選ぶぞ

同じ投資でも、
AとBでは利率や手数料が
結構違うね

投資にも
いろいろ
あるんだな

投資にはさまざまな種類があり、それぞれリスクやリターンの大きさが違います。どの程度のお金で、どのくらいの期間投資するのか、自分の考えるプランに合った投資を選ぶことが大切です。

02 投資と投機は意味合いが違う

似たような意味で捉えがちな投資と投機という言葉。それぞれ意味が異なるので、違いを理解しておきましょう。

投資と聞くとギャンブルをイメージしてしまう人もいるかもしれません。しかし、投資とはじっくりと手堅く資産を増やしていくもの。たとえば株式投資は、その名前が示す通り投資に該当します。将来有望そうな会社の株を買い、会社の業績が上がれば株価も上がり、株主は恩恵を授かることができます。**つまり、投資は長期的な目線で利益を見据えているのです。**

じっくり時間をかけてお金を増やすのが投資

ゆっくり気長に

あくまで投資は長期的な視点に立って、じっくり時間をかけてお金を増やすこと。

他方で、**投機**は短期的にお金を投じて利益を得ようとすること。先ほど例に挙げた株式投資も、その月のうちに売買して、その日のうちに利益を狙うデイトレードという方法があります。この方法だと短期的に売買を繰り返すことになるため、投機と考えられます。また、競馬や競輪、パチンコなどのギャンブルも当日中に結果が出るので、投機といえるでしょう。

短期間で利益を得ようとするのが投機

投機は短期間で利益を得られることもありますが、逆に短期間でお金を失うこともあります。

03 投資におけるリスクとリターンについて

投資にはリスクとリターンがあります。ここでは投資における両者にはどんな意味があるのかを解説します。

投資には**リスク**と**リターン**があります。リターンとは、投資における結果のことで、**プラスばかりではなく、マイナスになる場合も考えられるので注意が必要。**「リターンは○円」、「リターンは○%」といったように使われており、この数値は過去の一定期間のリターンを測定し、今後の1年間でどれだけの値動きがあるかを示すものです。

リターンは投資における結果のこと

リターンは投資した結果、得られる見返りのこと。損をしてしまう場合もあります。

一方で投資における**リスク**は、<u>**価格・価値の変動性のことを指します**</u>。たとえば株への投資でしたら、株価は常に価値が変動し、買った額を下回ることもありますのでリターンに振れ幅が生じることになります。これを投資におけるリスクと呼んでいます。リターンの変動率が小さいほどリスクは低く、大きいほど高いといえるでしょう。

リスクは価格・価値の変動性のこと

投資してもリターンに振れ幅が生じることもあります。

04 投資のリターンは お金だけではない

投資を通して得られるのはお金だけではありません。お金に関する知識や教養も貴重な財産になります。

投資とは、価値のあるモノやサービスを提供する企業に出資をして、その活動を応援することです。たとえば、出資先の企業がそのお金で優れたサービスを展開するようになれば、生活は今まで以上に豊かなものになるでしょう。**つまり投資はお金を増やすためだけのものではなく、世の中をよりよくするためのしくみでもあるのです。**

投資は社会全体を豊かにする

投資における出資者は間接的に、社会全体をよりよくするためのサポートを行っていることになります。

投資をはじめるときには、お金のしくみを学んだり、世の中の基本的な情報にアンテナを張ったりするようになります。その結果、これまで気にしていなかったトピックのニュースに積極的に触れるようになる、社会のトレンドに敏感になるといった変化が生まれるでしょう。**こうして身につく知識や教養も、投資のリターンの一部であるといえます。**

投資で知識や教養も手に入る

世の中の動きに敏感になる

ニュースの内容が理解できるようになる

お金のしくみがわかるようになる

投資をはじめてから身についた知的財産も、投資の大きなリターンです。

知っておくべき6つの投資リスク

05

投資をする上で損益を出さないためには、どんな原因でリスクが発生するのか、把握しておくことが大切です。

投資には大きく分けて**価格変動、為替変動、流動性、カントリー、信用、金利変動の6つのリスクがあります**。これらのリスク要因によって、金融商品の価値は変動します。もちろん、金融商品の種類などによってもさまざまなリスクがあります。極度に恐れる必要はありませんが、**投資のリスク**を学んで、どんなことで損益が生じるか把握しておくことは大切でしょう。

投資のリスクは以下の6つ

リスクの高い金融商品では、投資で損をすることも考えられます。とはいえ、リスクを避けてばかりでは利益を得られません。そこで**自分がどのくらいの損をしても耐えられるかを知っておく必要があります。これをリスク許容度といいます。**「この程度なら生活に支障をきたさずにすむ」という資金面の許容度と、精神的に耐えうるかという心理面の許容度から判断してください。

リスク許容度を知ることが重要

どのくらいまではリスクを許容できるのか、しっかり見極めましょう。

06 投資は景気によって左右されることもある

世の中の動向を知ることは極めて大切です。この先どうなるかを予測することは投資で失敗しないことの基本です。

景気、不景気と投資は非常に関係が深く、**投資による収益は景気状況に左右されがちです。そのため、投資家は景気の動向に敏感な傾向があります。**好景気のときは企業活動が活発になるので銀行は企業に融資し、利息によって銀行の収益も上がります。消費者の賃金も上がるので、市場にお金が回るようになります。不景気のときは逆のことが起こります。

景気がいいと市場にお金が回るようになる

「今は景気が悪くて……」という言葉を聞く機会は多いかもしれませんが、ずっと不景気のまま、ということはありません。**長い目で見れば、波のように好況と不況を繰り返しています**。これは景気循環と呼ばれます。投資をする上で、金利や社会経済の動向などを先読みして、この先の景気がどうなるかを考えることがとても重要です。

景気を先読みして投資することが大切

07 インフレとデフレも投資に関係してくる

インフレ、デフレでお金の価値は変動します。当然、状況によって投資にも大きく関係してきます。

同じ1000円でも、その価値は変動します。たとえば1000円で2枚買えていた肉が物価の値上がりで、1枚しか買えなくなったとしましょう。この状態が**インフレ**で、**お金の価値が半減したことになるのです**。一方、供給過多で物価が下がり、お金の価値が上がることを**デフレ**といいます。**インフレのときは消費が活発になる傾向に、デフレだとものが売れずに不景気になります。**

同じ金額でも価値は変動している

インフレになると、消費者に「高くなる前に買おう」という心理が働き、**消費が活発になる傾向があります**。その結果、企業の売り上げも上がり、株価も上がりやすくなるため、**投資にもインフレやデフレの影響が大きく関係してくるといえます**。インフレだと、預貯金しても価値が目減りすることになるので、状況を見極めて投資するか否かを判断するのも大切な手立てとなります。

インフレになると景気がよくなる

インフレのタイミングで投資をはじめることもひとつの手です。

08 分散投資をすることでリスクも分散できる

投資のリスクを減らす方法に分散投資があります。ひとつで損をしてもほかがあれば、リスクは最小限に減らせるでしょう。

ひと口に投資といっても、預金や株式などさまざまな種類があります。それぞれに特徴があり、リスクとリターンの大きさも異なります。そこで複数の種類を組み合わせて投資することを**分散投資**といいます。大きな金額をひとつの種類に一気に投じると、投資金額すべてを失いかねません。投資金を分散することで、リスクを軽減させるのです。

分散投資をすればリスクを軽減できる

投資先を分散させておけば1カ所下落してもそれほど大きなダメージを負わずにすみます。

投資の世界では、「卵をひとつのカゴに盛るな」という格言があります。10個の卵をひとつのカゴに盛ると、そのカゴを落とせばすべての卵が割れてしまうでしょう。**しかし、2個ずつ5つのカゴに持っておけば、ひとつのカゴを落としてもほかの8個は無事です。**この言葉は投資の基本姿勢を示す説明に用いられますが、分散投資をわかりやすく表す格言でもあるともいえます。

「卵をひとつのカゴに盛らない」のが鉄則

ひとつのカゴに全部の卵を盛った場合

複数のカゴに卵を分けておく場合

Column 03

「確実に儲かる話」には
絶対に乗らないこと

　投資にはリスクがつきものです。「確実」に儲かる投資
などありません。そういうおいしい話には、たいてい裏があ
るので注意が必要です。

　投資は基本的に、リスクに見合ったリターンが返ってきま
す。ローリスクならローリターン、ハイリスクならハイリターン
です。投資をする上で、ローリスク・ハイリターンなどという
好条件はあり得ないこと。それをちゃんと理解していれば、
いくら甘い話がきても、それが詐欺だとすぐに気づくことが
できます。

　とはいえ、投資で稼ぎたいと思う人は多いでしょう。それ
ならば、しっかりと投資の基本や知識を身につけることが
大切です。焦って投資を進めたり、利益ばかり考えたりして
しまうと、失敗する危険や詐欺にあう可能性も大きくなって
しまいます。成果を出すためには、少しずつ着実に、長い
目で投資をとらえることが一番の近道なのです。

Chapter 3 キーワード解説 KEYWORDS

☑KEY WORD

投資、投機

投資は将来性を見込んで長期的に資産を増やしていくもので、投機はある機会にお金を投じてその結果がすぐに返ってくるものです。自分の投資スタイルに合わせて選んでみましょう。

☑KEY WORD

リスク、リターン

投資におけるリスクとは、リターン（損益）の変動率の大きさのことです。変動率が大きければ、損失と利益の振れ幅が大きいのでリスクも大きくなり、逆に変動率が小さければリスクも小さくなります。

☑KEY WORD

景気、不景気

景気とは、世の中の経済活動の活発さを表します。不景気のときは、ものが売れず、収入が減ります。すると消費も減って、お金を使う人が少なくなるので、世の中のお金が循環しなくなるのです。

☑KEY WORD

インフレ、デフレ

物価が全体的に上がってお金の価値を下げることをインフレ、その逆をデフレといいます。インフレは好景気のときによく見られる現象で、景気がよいとものがよく売れるので供給よりも需要が高まり、物価が上昇するのです。

投資信託で
堅実に資産を増やす

はじめて投資をする人や、投資にあまり時間や手間をかけたくない人におすすめの投資信託。そのしくみやリスク、注目の商品などについて紹介していきます。これを機に、少額からでも投資をはじめてみるといいかもしれません。

初心者におすすめな
投資のひとつが投資信託

投資をはじめようと思ったとき、初心者におすすめなのが投資信託です。投資信託がどんなものかを解説します。

これから投資をはじめようという人は、何に投資すればいいのか迷うかもしれませんが、投資初心者におすすめなのが**投資信託**です。これは運用の専門家（運用会社）が**投資家から集めたお金をさまざまな株式に投資する金融商品のこと**。時間を取られず、少額から投資することができる上に、運用する機関が破綻しても資産が守られます。

投資信託は低リスクで初心者におすすめ

投資信託の投資対象はさまざまな金融商品です。仮にA社、B社、C社などの企業の株式が袋詰めされたものをイメージするとわかりやすいかもしれません。投資信託は**この袋を購入するだけで、それぞれの企業の株式を手に入れたことになり、分散投資をしたことになります**。仮にA社の株価が大きく下がっても、B社やC社の株価がそのままなら、リスクは最小限に抑えられるのです。

投資信託は分散投資だからリスク最小限

投資信託には複数の企業の株が含まれます。仮に1社が倒産したり株価の暴落が起きたりしても、ほかの投資先でリカバリーすることができるのです。

02 投資信託にはいくらくらい必要かを把握する

投資信託にはどれくらいのコストがかかるのでしょうか。実は意外と安価にはじめられるのです。

投資信託をはじめるにあたり、**手数料**などのコストがどれくらいかかるのか、不安に思っている方もいるかもしれません。投資信託に必要な手数料は購入時手数料、信託財産留保額、運用管理費用の3つです。**ただ、購入時手数料と信託財産留保額はかからないことも多いので、その場合は運用管理費用だけを支払うことになります。**

投資信託は運用管理費用だけですむ場合も

主にかかる費用はこちらの3つです！

どの投資信託でもかかるのはこれです

信託財産留保額　運営管理費用　購入時手数料

運営管理費用　購入時手数料　信託財産留保額

なるほど！

すごい！

運用管理費用は、年間の保有コストと考えればいいでしょう。年間の手数料が投資額の1%を超える投資信託もたくさんありますが、たとえば楽天VTIが提供するインデックスファンドシリーズ、楽天・全米株式インデックス・ファンドの運用管理費用は税込で0.132%とされているので、1万円投資した場合でも年間13円程度の手数料しかかかりません。

年間手数料が1%未満の投資信託もある

投資額にもますが、運用管理費用はそこまで多くかかりません

10万円だけ投資信託してみよう

ありがとうございます！

手数料は年間130円です

安い……！

投資信託のなかには、手数料がおよそ0.1%と非常に低く設定されているところもあります。

投資信託で商品を選ぶとき安易に決めてはいけない

いざ投資信託の商品を選ぶとき、安易に決めることは禁物です。
目論見書にしっかり目を通すことが大切です。

投資信託に関する資料は**目論見書**と運用報告書の2つがあります。このうち、特に重要なのが目論見書。その**商品分類**ではどこの国の何に投資するのか、値動きの要因や過去の運用実績、手数料などが記載されている手引き書です。投資する際は**安易に商品を決めず、選ぶ前には必ず目論見書に目を通して確認することが大切です。**

目論見書をよく読んで選ぶ

なんかよさそうだし、
はじめてみようかな〜

よくわからない商品に
投資しちゃった……

目論見書を
よく読まないと……

目論見書をよく見ないで投資をするということは、商品をよく見ずに買うのと同じことです。

なるほど、
こういう会社
なのか

ちゃんと理解した上で
買うって大事だね

目論見書を
しっかり読むと……

目論見書をしっかり読むことで、自分が納得した状態で投資をはじめることができます。

目論見書の表紙を見ると、商品分類の欄があります。**投資対象地域、投資対象、補足分類の3つを確認してください**。投資対象地域には国内、海外、内外の3つ、投資対象には債権や株式など投資の対象が記載されています。補足分類の項目に「インデックス型」とあれば、インデックスファンド、何も記載がなければ、アクティブファンドと考えてください。

目論見書で投資信託の概要を把握する

注目すべきは
この3つです

表紙には
大事な情報が
いっぱい！

目論見書に
目を通すのが
重要なのね

商品分類（一例）	
投資対象地域	□国内　□海外　□内外
投資対象	□株式　□債券　□不動産投資 □その他資産　□資産複合
補足	□インデックス型　□特殊型

目論見書の表紙には、その商品がどのようなものなのかという分類が記載されています。

04 為替ヘッジを使って 為替変動リスクを防ぐ

海外に投資する場合、ネックになるのが為替レートです。為替ヘッジありの商品なら、そのリスクを最小限にできます。

投資信託の目論見書には、**属性区分**の項目があります。ここでは最低限、**為替ヘッジ**の有無と対象となるインデックスの2つを確認しておきましょう。全世界株式や米国株式のような海外への投資では、**日本円と海外通貨の間で為替レートが変動するリスクがあり、それを防ぐのが為替ヘッジです**。これによって、為替レートによる損失を防ぐことができます。

為替ヘッジは為替レートによる損失を防ぐ

為替ヘッジを使っていない場合

えっ！

どんどん円高になるんだって！

そうなんだ！

お金がどんどん減っちゃう～！

為替の変動の影響を大きく受けます。

お金の価値が変わらないってうれしい～！

為替ヘッジを使っている場合

為替レートの変動による損失を防ぐことができます。

為替ヘッジありの投資信託なら、円高の損失が抑えられるメリットがあります。ただ、為替ヘッジを行うには手数料がかかり、また円安での利益も享受することができなくなります。米ドルと日本円に関しては、極端な円安や円高に傾いた場合は修正されて一定水準の為替レートに落ちつく傾向にあるので、**長期の投資を前提とするなら、為替ヘッジなしを選ぶのもひとつの手でしょう。**

為替ヘッジのデメリット

手数料がかかる

円安のときに
得することができない

極端な為替変動は
修正される
（日本円と米ドルの場合）

為替の影響を受けない分、安心感はありますが、デメリットを考慮して為替ヘッジを使わない、という選択肢もあります。

05 目論見書で目的や運用実績も確認しておこう

目論見書には投資信託の目的や特色、過去の実績なども記載されています。運用をはじめる前に確認しておきましょう。

投資信託にもさまざまな種類がありますが、**目的や特色によってどれを選ぶか判断する必要があるでしょう**。目論見書でそれら固有の特徴を知ることができます。たとえば、eMAXIS Slim 全世界株式（オール・カントリー）の投資信託の特色には、投資対象地域別の構成比率も記載されています。このような構成比は変動するので、目論見書が更新された際に確認するようにしてください。

目論見書で目的や特色を確認する

うちにはこんな特徴があります

うちの目的はここです

うちの強みはここです！

A社

B社

C社

僕にはC社が合っているかな〜

私はB社にする！

目論見書に書かれた情報から、自分と相性のいい投資信託先を選ぶことができます。

目論見書では、基準価額や純資産総額、分配金の推移など、投資信託の過去の**運用実績**を確認することができます。**基準価額は投資信託の値段で、購入時よりも基準価額が値上がりしたところで売却すれば、その差額分が投資家の利益になります。**一方、純資産総額が減りすぎると、運用が強制的に終了する繰上償還の恐れもあります。

目論見書の基準価額を確認することが大事

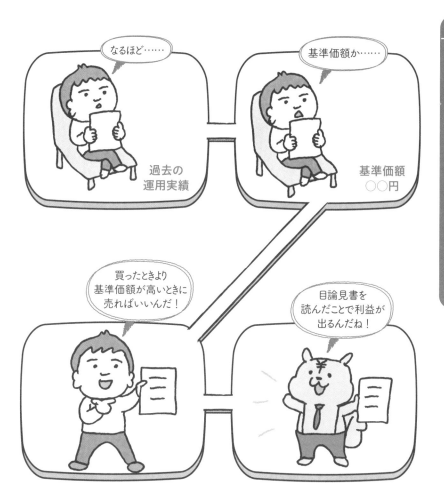

06 安定した投資をするなら インデックスファンド

インデックスファンドとアクティブファンドは対照的な投資の方法です。初心者には前者がおすすめです。

投資信託には大きく分けて、**インデックスファンド**と**アクティブファンド**があります。**安定した投資をするには、インデックスファンドがおすすめ**。たとえば、日経平均株価に連動するインデックスファンドを買えば、国内の大企業225社の株価の平均値に投資したことになるからです。また、手数料も比較的抑え目であるというメリットもあります。

インデックスは安定性を重視している

一方、アクティブファンドは、投資信託の運用会社における運用担当者が値上がりしそうな企業を探して投資を行います。つまり、**アクティブファンドは、平均値を上回る成績を投資信託と考えられます**。そのため、投資先を選ぶのに手間がかかり、インデックスファンドより手数料が高くなる傾向にありますが、インデックスファンドよりも大きな利益を上げられる可能性があります。

大きな利益が期待できるアクティブファンド

07
インデックスが安定した
投資先といえる理由

インデックスファンドが安定している理由はどこにあるのでしょうか。そのカギは名目GDPとの連動にあります。

全世界株式の指数を見ると、1987年からの30年間、右肩上がりの状態が続き、数値は約7倍にまで成長しています。もちろん、短期的にはマイナスになる時期もありますが、**長い目で見て投資を続けていれば、十分に利益を期待することができるでしょう。**インデックスファンドが安定した投資先といえる理由がここにあります。

全世界指数は成長し続けている

全世界指数はこの30年間で約7倍にまで上昇しています。これは長期的な視点で投資をすれば利益を得られる証拠だといえます。

全世界株式の指数は今後も上がり続けることが予測され、投資をすると利益が出ることが見込まれています。その理由は、全世界株式の指数と世界全体の**名目GDP**（国内総生産）はおおむね連動していると考えられているため。**世界全体のGDPは今後も上昇していくと予想されているので、全世界株式に投資しても十分に勝算が見込めるのです。**

全世界株式指数とGDPは連動している

08 米国株式のインデックス 投資は今後も注目!?

近年の伸びが著しいのが米国株式です。全世界株式の半分以上を占めますが、今後の成長にも期待できるのでしょうか。

全世界株式に投資をするのがインデックス投資の王道ではありますが、その全世界株式の半分以上を占めているのが**米国株式**です。現在、日本でも米国株への投資は流行しています。GoogleやAppleなどのIT企業が堅調なこともあり、**米国株式の伸びは、代表的な企業の時価総額の平均指数で約30年の間に約15倍にも成長しています。**

米国株式は近年著しく伸びている

米国株式の成長率は全世界指数と比べ顕著なことがわかります。

米国では今後も人口の増加が予測されているため、米国株の今後の伸びにも期待できるでしょう。ただ、米国株式であっても、ほかの国より必ず伸びるとは限りません。過去には米国株よりも日本株が伸びた時期もありました。**ですので、できるだけ幅広く分散投資したいのなら全世界株式、米国株の成長に確信が持てる状況なら米国株式を選ぶというのが選択肢として有力といえます。**

状況に応じて投資する株式を選択する

Column 04

長期的な投資は伝説の投資家も認めている

　伝説の投資家といわれ、世界屈指の億万長者として知られるウォーレン・バフェット氏。その投資スタイルは、実にシンプルで、初心者でも真似できるものばかりです。

　まず、長期的な投資をすることが、一番堅実に利益を得られる方法だといいます。確かな実績と持続力を持つ事業の株を長期的に保有することで、少ないリスクで着実に利益を増やすことができるのです。

　そこで重要なのが、優良な投資先を見つけることです。おすすめは、S&P500 指数インデックスファンド。S&P500 指数とは、企業価値の高いアメリカの主要な企業で構成されている株価の指数です。これらの基盤や成長性がしっかりした企業を平均した指数と同じ動きをするインデックスファンドに投資すれば、長期的に安定した利益を望めます。

　もうひとつ、市場に左右されないことも重要です。一時的に保有している株の株価が下がっても、気にせず長期運用することで利益は生まれることでしょう。

キーワード解説 KEYWORDS

Chapter 4

☑KEY WORD
投資信託

たくさんの投資家から集めたお金をひとつにまとめ、それを運用の専門家が国内外の株式に分散投資して、その結果得た利益を投資家たちに分配するという金融商品です。自分で運用しなくてすむので、初心者にもおすすめです。

☑KEY WORD
手数料

投資信託をする際に気をつけたいのが手数料です。投資信託を購入する際にかかる「購入手数料」、保有しているだけで日々かかる「運用管理費用（信託報酬）」、解約時に必要な「信託財産保留額」の主に3つあります。

☑KEY WORD
目論見書

購入しようとしている投資信託について説明された書類で、購入前に必ず読んでおくべきものです。投資信託の目的やリスク、運用実績、手数料などが記載されています。これをしっかり読んで、投資信託に申し込むか判断しましょう。

☑KEY WORD
名目GDP

GDP（国内総生産）とは、国内で生産されたモノやサービスの付加価値を表しています。なかでも名目GDPは、そのときの市場価格をもとに、付加価値を評価しているので、物価変動の影響を大きく受けています。

Chapter 5

JIKANJUTSU
mirudake notes

投資信託をはじめるなら
NISAの知識を深めよう

NISA という言葉を聞いたことがある人は多いのではないでしょうか。NISA はお得に投資をはじめられるだけでなく、 コツコツと利益を出せる堅実な投資法です。 本章では、 より手堅く利益を増やせるつみたてタイプの NISA を中心に解説していきます。

NISAの種類を把握しよう

01

NISAには、自由に金融商品を運用したい人向けの「一般NISA」と、長期投資したい人向けの「つみたてNISA」の2種類があります。

現在、**NISA**の種類は大きく「一般NISA」と「つみたてNISA」の2つに分けられます。一般NISAは投資できる額が年間120万円で、非課税期間は最長5年間。つみたてNISAは、投資できる額が年間40万円と決められています。しかし、非課税期間が最長20年と長期にわたるのが特徴です。**現状のNISAは同じ年に併用することができないため、どちらを利用するのか選ぶ必要があります。**

NISAは利益に税金がかからないお得な口座

投資信託で得た利益には通常約20%の税金がかかりますが、NISA口座は利益をそのまま受け取ることができます。

一般NISAとつみたてNISAには、ほかにも異なる特徴があります。一般NISA
は、投資信託のほか上場株式などの購入も可能です。選べる商品の幅が広いた
め、自由に金融商品を運用したい人に向いています。つみたてNISAは、購入で
きるのが金融庁指定の投資信託やETFに限定されるのが特徴。100円からでも
積み立てられるため、資金の少ない人や投資初心者にも向いています。

一般NISAとつみたてNISAの違い

	現行NISA制度 (2023年まで)		新NISA制度 (2024年以降)	
	一般NISA	つみたてNISA	成長投資枠	つみたて投資枠
年間の投資上限額	120万円	40万円	240万円	120万円
	併用不可		併用可能	
非課税期間	5年間	20年間	無期限	
投資可能期間	2023年まで	2042年まで（新規買い付けは2023年まで）	2024年以降恒久化	
対象商品	上場株式、投資信託、ETF、REIT	金融庁の基準を満たした投資信託、ETF	上場株式、投資信託、ETF、REIT	金融庁の基準を満たした投資信託、ETF
利用できる人	18歳以上の成人		18歳以上の成人	
買付方法	一括投資・積立投資	積立投資	一括投資・積立投資	積立投資

NISA制度は2024年に改正され、新NISA
に変更となります。「一般NISA」と「つみ
たてNISA」の名称がそれぞれ、「成長投資
枠」と「つみたて投資枠」に変更になり、併
用ができるようになります。投資信託ならで
はの安全性はそのままに、より積極的にお
金を増やせるしくみに変わるといえます。

02 一括投資と積立投資の違いを知る

短期投資向けの「一括投資」と、長期投資向けの「積立投資」。
初心者には、損をしにくい積立投資がおすすめです。

投資信託には**一括投資**と**積立投資**の2つの方法があります。一括投資は、投資をはじめる段階でまとまった資金が必要です。**購入時の見極めが難しく、タイミングによっては資産が大幅に減少したりリターンが大きくなったりするケースがあります**。積立投資は、毎月決まった額をコツコツ積み立てる方式です。1000円から気軽に積み立てられますが、大きなリターンは望めません。

一括投資と積立投資のメリット・デメリット

短期的なリターンを期待するなら一括投資、長期的に運用リスクを抑えたいなら積立投資がおすすめです。

たとえば6万円を一括投資した場合、基準価額1万円で割ると6口分を購入できます。積立投資の場合、買付価格は1万円で一定ですが、基準価額は変動するため購入できる口数が月ごとに変わります。そのため長期的に見ると、一括投資に比べて保有口数が多くなる可能性があるのです。**積立投資は相場の下落時にも安く大量に購入できるため、精神的な負担になりにくい方法といえます。**

同じ銘柄に同額投資したときの購入口数の違い

		1カ月目	2カ月目	3カ月目	4カ月目	合計
	基準価額	2000円	500円	1500円	1000円	
一括投資	買付金額	60000円	——	——	——	60000円
一括投資	口数	30口	——	——	——	30口
積立投資	買付金額	15000円	15000円	15000円	15000円	60000円
積立投資	口数	7.5口	30口	10口	15口	62.5口

買付金額の合計は同じでも、積立投資の口数の合計のほうが多くなる。

積立投資では同じ金額でコツコツ投資し、高値での購入をある程度避けられるのが特徴です。このことをドルコスト平均法といいます。損をしにくく精神的な負担も比較的少ないことから、初心者でもはじめやすいでしょう。

03 長い非課税期間が つみたてNISAの魅力

つみたてNISAは非課税期間が最長20年。コストを低く抑え、時間をかけて運用したい人におすすめです。

現行のつみたてNISAの大きな魅力は、最長20年間は非課税になることです。**非課税期間が終了するのは、投資をはじめた年から数えて20年目の年末まで**。たとえば、つみたてNISA口座で2023年1月1日から12月31日までに積み立てたお金は、2042年12月31日まで非課税です。2024年に積み立てた分は2043年まで非課税期間が続くため、毎年非課税期間の終了が1年ずつズレていきます。

つみたてNISAの非課税期間は最長20年間

21年月から
一般口座へ移ります

積み立てNISA投資可能期間		1年目	2年目	3年目	…	20年目	21年目	…	39年目	…	44年目
	2022年	40万円					→		一般口座へ		
	2023年		40万円								

2024年以降は、
非課税保有期間が
無期限に!

非課税期間が終了した投資信託は、一般口座に移行し課税されます。2024年以降の新NISA制度では、非課税保有期間が無期限になります。

つみたてNISAの非課税期間は20年間と定められていますが、必ずしも積み立てをした年から20年間ずっと運用しなければならないわけではありません。つみたてNISAは途中で解約しても引き出せる上、非課税期間中であればどのタイミングで売却しても利益に税金はかからないのが特徴です。現行制度の年間の限度額は40万円と定められています。

将来の資金を積み立てるのにも役立つ

教育や老後など将来必ず必要になる資金は、投資よりも貯蓄するのがおすすめです。貯蓄で資金のベースをつくった上で、つみたてタイプのNISAをプラスαで活用すると、計画的な資金づくりに役立ちます。

04 つみたてタイプのNISAは 複利の恩恵が期待できる

つみたてタイプのNISAは利益が利益を生む複利効果が期待できるため、じっくり運用してお金を貯めたい人に向いています。

金利には**単利**と**複利**の2種類があります。単利は元本に対してのみ利息がつくのに対し、複利は元本だけでなく利息に対しても利息がつくのが特徴。つまり**元本と利息の合計にさらに利息がつき、利益がどんどん増えるのです**。たとえば元本が3万円で年利が5%の商品の場合、1年目は単利も複利も利息は1500円で変わりません。しかし、2年目は年5%で増えるため利息が1575円になります。

単利と複利は利息が違う

| 単利の場合 | 複利の場合 |

せっかく投資で利益が出たのに20%も税金が引かれた……

結構大きい単利の場合

お、投資信託をはじめたころに比べて利益が増えてきたぞ

複利だと利益がまた利益を生むから資産も増えやすいよ

投資信託をはじめてみたけど、たいして増えないな

単利だといつまでたっても元本は変わらないから、そこそこの利益しか出ないね

やった！10万円の利益をそのまま受け取れたぞ

2万円の税金がかからないのは助かるね

複利は運用の年数が長ければ長いほど、利益が雪だるま式に大きくなっていきます。たとえば年間40万円、年利5%、運用期間20年で積み立てたら、5年目には約27万円の利益が出る計算です。そのまま運用を続けて20年目になると、複利効果で約558万円にまで利益が増加します。現行のつみたてNISAであれば20年間は非課税のため、投資信託で得た利益をまるまる受け取れるのです。

長期投資にはつみたてタイプがおすすめ

複利ってすごい

毎月1万円を20年間、年利5%で運用した場合					
元本		運用収益		総額（元本＋運用収益）	
5年目	20年目	5年目	20年目	5年目	20年目
複利 600,000	2,400,000	80,058	1,561,988	680,058	3,961,988
単利 600,000	2,400,000	76,230	1,204,920	676,230	3,604,920

20年間で約36万円もお得！

運用している間に相場が下落し思うように増えない時期やマイナスになる時期があることも考えられますが、長い目で見ると複利の恩恵を受けられるので、辛抱強く待つことが大切です。

05 非課税枠には いくつかの注意点がある

NISA口座の非課税枠は、再利用できないだけでなく、未使用分を翌年へ繰り越すこともできないため注意が必要です。

NISA口座の**非課税枠**にはいくつか注意点があります。ひとつ目が、非課税枠の再利用ができないことです。たとえば、つみたてNISA口座で毎月2万円を積み立てたとしましょう。半年間で12万円の投資信託を購入したあとにすべてを売却したとしても、**非課税枠は上限の40万円に戻るわけではありません**。その年のNISA口座での投資は、残りの28万円しか利用できないため注意が必要です。

NISA口座の非課税枠は回復しない

投資信託を買い替えるときには、新規購入と同じようにその年の非課税枠を新たに用意する必要があります。ただし2024年以降の新制度では非課税枠の再利用が可能になります。

注意したいことの2つ目は、非課税枠の未使用分を翌年に繰り越せないことです。先ほど説明した例で考えてみると、半年間で12万円を積み立てた場合、NISA口座で使える残りの非課税枠は28万円になります。それを残りの半年で使い切らなかったとしても、翌年に繰り越すことはできません。あくまでも非課税枠は、その年の1月1日から12月31日までに利用できるものなのです。

非課税枠は魅力的でも融通は利かない

融通が利かない部分もあります。しかし非課税枠の上限いっぱいまで使おうとすると、生活に支障をきたしかねないため、無理のない範囲で投資するようにしましょう。

06 金融機関を選ぶ際はコストを確認する

NISA口座を開設する際に確認したいのが金融機関のコスト。ほんの少しの違いでも、長期の運用成績に大きく影響します。

つみたてNISAをはじめるには、金融機関で口座を開設する必要があります。金融機関を選ぶ際に確認したいのが、コストの安さです。たとえば、同じ運用期間であっても、信託報酬が年0.1%の投資信託と年1.0%のものでは、最終的なリターンに100万円以上の差が生まれることもあります。つまり、**ほんの少しのコストの違いでも、長期の運用成績に大きな影響を与えるのです。**

同じ年に開設できる口座はひとつだけ

NISA口座はさまざまな銀行や証券会社で開設できます。しかし、ある金融機関でNISA口座を開設した場合、その年はほかの金融機関でNISA口座をつくることはできません。

NISA口座を開設するのにおすすめなのがネット証券です。取り扱いのNISA対象商品の数は金融機関によって異なりますが、ほとんどのネット証券が低コスト商品を用意しています。そのなかでも特におすすめなのが、楽天証券とSBI証券。どちらも対象のクレジットカードで投資信託の積み立てを決済すると、積立額に応じてポイントが付与されるサービスがあります。

おすすめは楽天証券とSBI証券

	楽天証券	SBI証券
ポイントの主な還元率	楽天カードクレジット決済で投資信託を購入すると、積立額の1%をポイント還元	三井住友カードで投資信託を購入すると、積立額の0.5~2%をVポイント還元
連携する金融機関のサービス	楽天銀行と連携させると自動入出金が可能	住信SBIネット銀行と連携させるとSBIハイブリッド預金で自動振替が可能
連携する金融機関の金利について	マネーブリッジさせると楽天銀行における普通預金の金利は年0.02%から年0.1%にアップ	SBIハイブリッド預金の金利は年0.01%、SBIハイブリッド預金の金利は年0.01%

ポイント還元や連携する金融機関の金利などを考慮すると、特に楽天証券がおすすめといえます。

07

つみたてNISAの
はじめ方と選べる商品

口座開設用の書類を取り寄せ、申し込めばNISA口座は開設できます。3タイプのなかから自分に合う商品を選べば準備OKです。

NISAの**はじめ方**はさほど難しくありません。口座を開設する金融機関が決まったら、ネットや電話で書類を取り寄せましょう。届いた書類に必要事項を記入し、本人確認書類などを添えて送り返せば金融機関で内容を確認してくれます。口座開設の通知が来たら、すぐに投資信託をはじめられます。ただし、**商品を購入した時点から非課税期間がカウントされるため注意が必要です。**

NISA口座開設の流れ

口座を開設して商品を買うとただちに非課税期間がスタート。たとえば、12月に2万円しか購入しなかったとした場合、残りの38万円の枠を無駄にすることになるため注意しましょう。

つみたてNISAの商品は、大きく3種類に分けられます。市場の値動きといった特定の指数と連動したリターンを目指す「インデックス型」と、運用会社が投資信託の運用を行い、大きなリターンを狙う「アクティブ型」、上場された投資信託を自分で運用する「ETF」の3つです。つみたてNISAではインデックス型の商品が充実しており、低コストの利益を享受しやすいのがメリットです。

つみたてNISAの3つの商品の特徴

	投資信託 （インデックス型）	投資信託 （アクティブ型）	ETF
商品の特徴	日経平均株式やNYダウなど、市場の動きを示す特定の指数と連動するように運用する商品。つみたてNISAでは185本のなかから選べて手数料が安いのが特徴。	ファンドマネージャーという投資のプロが銘柄を選び、インデックス運用より高いリターンを目指す商品。つみたてNISAでは24本のなかから選べて手数料が安いのが特徴。	上場投資信託（Exchange Traded Funds）を株式と同じように売買する商品。つみたてNISAでの取り扱いは7本のみで、一般の投資信託よりも手数料は安い。

いっぱい貯めるぞ

よいしょ

つみたてNISAの3つの商品でどれがいいか迷ったときは、自分の投資スタイルや目的などに合わせて商品を選ぶようにしましょう。

08

月々100円から
はじめられる

初心者は、リスクを抑えるためにも少額投資からはじめるのがおすすめ。つみたてNISAなら月100円からはじめられます。

投資額を大きくすれば、その分大きく損をしてしまう可能性があります。つみたてNISAは月**100円**の少額投資からはじめられるのです。商品を選ぶときは、どれだけ儲けられるかよりも、**どれくらいの損失なら耐えられるかを考えることが大切です**。耐えられないほどの損失を抱えてしまった場合、投資は続かなくなります。まずは、その限度を自分で把握しておきましょう。

投資額を少なくすれば損失も抑えられる

投資額が多い場合

投資額が少ない場合

どれくらいまでのマイナスなら受け入れられるかという度合いを、リスク許容度といいます。まずは、自分のリスク許容度がどれくらいなのかを把握しておくといいでしょう。

リスク許容度を把握するには、リスクが高い商品と低い商品に試しに少額投資してみるのがおすすめです。多くの銘柄の中でも高リスク商品は「SBI・全世界株式インデックス・ファンド」、中リスク商品は「eMAXIS Slimバランス」、低リスク商品は「DCニッセイワールドセレクトファンド」が人気。この3銘柄を半年ほど運用してみてから積立額を変えるといいでしょう。

つみたてNISAのおすすめ3銘柄の特徴

ファンド	ファンドの資産分配	信託報酬 （税込み）
SBI・全世界株式 インデックス・ファンド	日本を除いた先進国株式72.53%、外国株式14.69%、国内株式7.25%、新興国株式5.03%、短期金融資産0.5%	年0.1102%
eMAXIS Slim バランス （8資産均等型）	国内株式、先進国株式、新興国株式、国内債券、先進国債権、新興国債権、国内REIT、先進国REITにそれぞれ12.5%	年0.154%
DCニッセイ ワールドセレクトファンド （債券重視型）	国内株式20%、外国株式10%、国内債券45%、外国債券20%、短期金融資産5%	年0.154%

3つの銘柄のリスクが理解できたら、自分のリスク許容度を改めて考えてみることをおすすめします。

09 つみたてNISAで金融機関を変える際の注意点

つみたてNISAは金融機関の変更が可能です。変更する前の金融機関で購入していた商品も、そのまま非課税で運用できます。

NISA口座は金融機関の変更が可能です。たとえばA銀行でつみたてNISA口座を利用していたとします。A銀行で口座の変更手続きをすれば、新たにB証券で口座を開設しても問題ありません。まだA銀行のつみたてNISA口座で商品を購入していない場合は、9月30日までの変更手続きで年内に切り替えができます。ただし、**A銀行で購入ずみの商品は、新しいB証券の口座には移管できません。**

購入ずみの商品の移管はできない

A銀行のつみたてNISA口座で購入ずみの商品がある場合、新しいB証券のつみたてNISA口座には移管できません。A銀行でそのまま運用するか、売却するかのどちらかになります。

つみたてNISAの非課税期間は、積み立てをはじめた年から最長20年間。そのため金融機関を切り替えても、依然として口座での非課税期間はそのまま継続されます。つみたてNISA口座は、同じ年にいくつもの金融機関で利用できません。それは一般NISAでも同じです。一般NISAからつみたてNISA、あるいはその反対の場合も、年単位での切り替えになると覚えておきましょう。

NISA制度での変更は「年単位」が鉄則

NISA制度において、金融機関やNISA間の変更は年単位での切り替えになります。（2024年以降の新制度では、2つのNISAは併用可能になります。）

10 つみたてNISAの売りどきを考えておく

つみたてNISAの非課税期間は一度に終了するわけではありません。
いざというときにあわてないよう、出口戦略を考えておきましょう。

非課税期間終了時に保有している商品は、自動でNISA口座から課税口座に移ります。しかし課税口座に移っても、非課税期間中に値上がりした分については税金がかかりません。一方で、課税口座に移ったあと増減した利益については課税されます。非課税期間は一度に終わるわけではありません。**売りどきを見極めるためにも、投資信託をいつ売るかという出口戦略を考えておきましょう。**

20年後に暴落してもあわてず運用を続ける

過去の歴史を見ると、いつの時代でも暴落は終わりを迎えています。つまり、ずっと暴落が続くことは考えにくいため、あわてずに運用を続けることが大事です。

つみたてNISAの出口戦略は、年代によって異なります。現行の制度の場合、20代ではじめると非課税期間が終わるのは40代。すぐ必要なお金がなければそのまま運用を続け、子どもの教育費などが発生するたびに売却するのがおすすめです。30代、40代ではじめた場合、非課税期間が終わるのは60歳近くのため、課税口座に移ったものから順に生活費に充てるといいでしょう。

売却は自分の年齢に合わせて考える

20年後にどうなっているかは誰にもわからないもの。非課税期間の終了が近づいてきたら、そのときに改めて出口戦略を考えてみましょう。

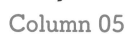

NISAは国が推奨している投資

　他国に比べて、日本は「投資」よりも「貯蓄」にお金を回す傾向があります。そこで、投資家を増やし、市場にお金を回すために、国が推奨する少額投資非課税制度（NISA）が誕生しました。通常、金融商品から得られる利益には税金がかかりますが、NISAだと、一定の金額内で購入した金融商品なら、そこから得られる利益に税金がかからないのです。

　しかし、非課税とはいえ投資なのでリスクはあります。投資した金融商品が値下がりすれば、もちろん利益は見込めません。ですが、長い目で見れば、値上がりするタイミングは必ずくるものです。

　NISAは、種類によって非課税で金融商品を保有できる期間が決まっています。その期間中に値上げが期待できる商品を見極めることが、NISAをする上でのポイントだといえるでしょう。

☑KEY WORD
NISA

NISAは少額投資非課税制度ともいわれる、国民の資産形成を応援するために国がすすめている制度です。一定の金額内の投資であれば、そこから得られる利益に税金がかかりません。

☑KEY WORD
一括投資、積立投資

投資の購入方法には、投資を1回ですませる一括投資と、複数回に分けて投資をする積立投資があります。一括投資は一度にかけるお金が大きいのでハイリスク・ハイリターンとなり、積立投資は逆にローリスク・ローリターンとなります。

☑KEY WORD
単利、複利

投資を購入したときに、投資元本にのみ利子がつくのが単利、投資元本とそこにかかる利子の合計に利子がつくのが複利です。複利の場合、長く運用すればするほど利益がどんどん増えていきます。

☑KEY WORD
非課税枠

つみたてNISAの非課税枠は、年間40万円です。非課税枠を使用すると、あとでその分を売却しても、新しく枠が発生することはありません。また、未使用分の非課税枠を翌年に持ち越すこともできないので、どう使うかが非常に重要です。

Chapter 6

JIKANJUTSU
mirudake notes

老後資金への不安は
iDeCoで解消する

少子高齢化が進むなか、老後にちゃんと年金がもらえるか不安を感じる人も多いのではないでしょうか。実は、公的年金のほかに、個人で老後資金を用意する「iDeCo」というものがあります。将来に備えて、iDeCo について知っておくと安心でしょう。

01 国や企業ではなく個人で つくる年金がiDeCo

老後の資金づくりとしてiDeCoが注目されています。そもそも、iDeCoとはどういったものなのでしょうか？

少子高齢化が進む日本では、公的年金の支給額が減ってしまう可能性があります。そうした事態に備えるために、個人でつくる年金として注目を集めているのが、**iDeCo**です。iDeCoとは個人型確定拠出年金の愛称です。この個人型確定拠出年金は、「じぶん年金」といえばわかりやすいでしょう。早い話が、国や企業ではなく自分で用意するものという意味です。

そもそもiDeCoってどういうもの？

iDeCoは「個人型確定拠出年金」の愛称です。

個人型とは?

国や企業ではなく、個人が自分で用意することを意味します。

確定拠出とは?

支払う掛金の金額は決まっているけれど、受け取る金額は金融商品の運用成績によって変わることを意味します。

年金とは?

60歳以降で受け取れることができる、年金制度の1種です。

次の「確定拠出」は掛金の額は決まっているけれど、運用の結果によって受け取る額が変わることを意味しています。ちなみに、受け取る額が決まっていることは「確定給付」と呼びます。最後の「年金」はその言葉通り、60歳以上で受け取れる年金を意味しています。つまり、**iDeCoとは、個人が出した掛金で金融商品を運用して、老後に受け取る年金**なのです。

年金制度は3階建ての構造になっている

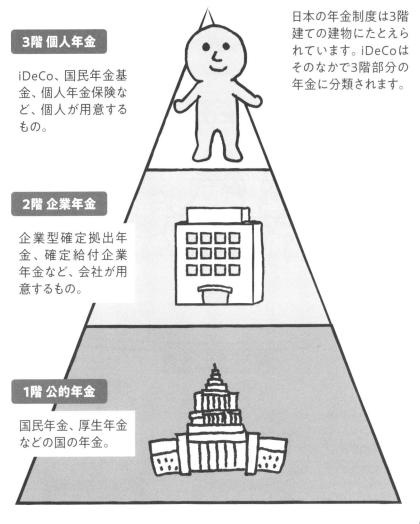

3階 個人年金

iDeCo、国民年金基金、個人年金保険など、個人が用意するもの。

2階 企業年金

企業型確定拠出年金、確定給付企業年金など、会社が用意するもの。

1階 公的年金

国民年金、厚生年金などの国の年金。

日本の年金制度は3階建ての建物にたとえられています。iDeCoはそのなかで3階部分の年金に分類されます。

iDeCoの掛金の上限と手数料について知ろう

iDeCoで毎月支払う掛金は、加入者の働き方や公的年金によって上限が決まります。また、さまざまな手数料も発生します。

iDeCoは**掛金**として毎月一定のお金を支払います。その金額は月5000円以上で、1000円単位で増やすことも減らすこともできます。ただし、**職業や加入している公的年金によって、掛金の上限額が決まります**。たとえば、自営業者は月6万8000円、公務員は月1万2000円、企業年金がない会社の会社員は月2万3000円です。

職業によって掛金の上限が違ってくる

会社員

企業年金がない企業の会社員の上限は月2.3万円。

会社員

企業型確定拠出年金に加入している会社員の上限は月2万円。

会社員

確定給付企業年金に加入している会社員の上限は月1.2万円。

会社員

確定給付企業年金と企業型確定拠出年金の両方に加入している会社員の上限は月1.2万円。

公務員

公務員の上限は月1.2万円。

第2号被保険者

その人の働き方や加入している企業年金によって、iDeCoの掛金の上限は変わります。

自営業

上限は月6.8万円。

第1号被保険者

専業主婦（夫）

上限は月2.3万円。

第3号被保険者

iDeCoでは**手数料**も支払わないといけません。**手数料は加入時と運用時と給付時に発生します**。加入時は1回のみ、運用時は毎月、給付時は受け取るたびに手数料を支払います。運用時の手数料は、国民年金基金連合会、資産を管理する信託銀行、運営管理機関と支払い先によって3つのものが発生します。運営管理手数料の金額は金融機関によって変わるので、注意が必要です。

さまざまな手数料が発生する

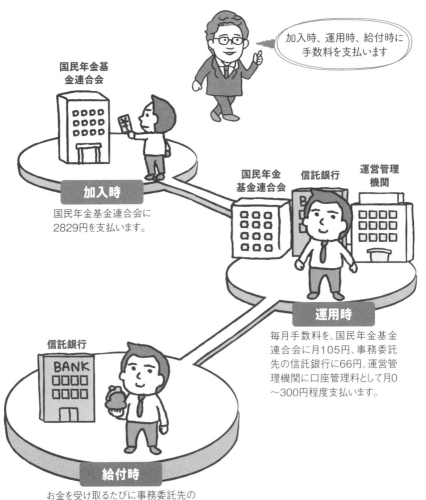

加入時、運用時、給付時に
手数料を支払います

国民年金基金連合会

加入時

国民年金基金連合会に
2829円を支払います。

国民年金基金連合会 **信託銀行** **運営管理機関**

運用時

毎月手数料を、国民年金基金連合会に月105円、事務委託先の信託銀行に66円、運営管理機関に口座管理料として月0〜300円程度支払います。

信託銀行

BANK

給付時

お金を受け取るたびに事務委託先の
信託銀行に440円を支払います。

03 リスクを考えながら 運用商品を選ぶ

iDeCoの金融商品は幅が広いので、商品選びに迷う人も珍しくありません。タイプを理解してしっかりと選びましょう。

iDeCoで運用する金融商品は、自分で選ぶことができます。これがiDeCoの特徴のひとつですが、どれを選べばいいのかわからず、迷ってしまう人も少なくありません。選んだ**運用商品**によって受け取る年金の金額が大きく変わる可能性もあるので、商品はきちんと選びましょう。商品は元本が保証された元本確保型のものと、元本が変動する投資信託に大きく分けられます。

元本確保型はローリスク・ローリターン

iDeCoの運用商品は、元本確保型と投資信託に分けられます。元本確保型は、定期預金や保険のような加入者が支払った元本が確保される金融商品です。

どちらも元本の安全性が高いというメリットがあります。ただし、金利が低く、一般の定期預金と違って60歳まで引き出せないというデメリットもあります。

元本信託型商品には、定期預金や保険商品などがあります。どちらも安全性が高いというメリットがありますが、同時に金利が低いというデメリットもあります。投資信託は、商品によってリスクの高さが違います。金融商品のなかにはさまざまなタイプのものがあるので、**性格の異なるものを組み合わせてリスクを分散させる**ことをおすすめします。

元本が変動する投資信託

もう一方の投資信託は、元本変動型です。金融機関によって商品のラインナップは異なり、リスクの低い商品とリスクの高い商品があります。さまざまな商品を組み合わせてリスクを分散させましょう。

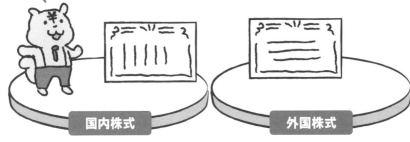

国内株式

メリットは「投資対象がわかりやすい」「為替リスク（換金するときに円高や円安といった為替レートの変動の影響を受けること）がない」です。デメリットは「株価の変動の影響を受ける」です。

外国株式

メリットは「高いリターンが期待できる」です。デメリットは「株価の変動リスクや為替リスクがある」です。

国内債券

メリットは「値動きが安定している」「為替リスクがない」です。デメリットは「リターンが低い」「金利が上がると、価格が下がる」です。

外国債券

メリットは「リターンが高い」です。デメリットは「為替リスクがある」です。

04 掛金と商品は家計の状況に応じて見直せる

iDeCoでは、一時的に掛金を増やしたり減らしたり、運用商品を変えたりできます。状況によって柔軟な運用ができるのです。

iDeCoのメリットのひとつとして、運用している途中で掛金や金融商品の**見直し**ができるというものがあります。**状況によって掛金の金額や運用商品を変えることができるのです**。そのときの家計の状況によって掛金を増やしたり減らせるだけでなく、場合によっては一時的に積立を停止することも可能です。「子育てでお金がかかるから、しばらく減額」など、柔軟な運用ができます。

家計の状況に合わせて掛金を見直せる

たとえば、「住宅購入でお金が必要だから、しばらく減額する」「住宅ローンを払い終わったから、しばらく増額する」といった選択が可能です。

家を買ったから
掛金を減らそう

ローンを
払い終わったぞ！

ローンが終わったから
増額しよう！

一時的に拠出（積立）を停止することもできます。手続きをすれば、拠出を停止して、運用の指図だけする（「運用指図者」になる）ことも可能です。

運用商品は、市場の状況や自分自身のリスク許容度などに合わせて変更することができます。また、運用商品に対する掛金の配分の変更も可能です。たとえば、商品Aを減らした分、商品Bを増やすことができます。なお、商品の変更に手数料はかかりませんが、信託財産留保額（投資信託を解約するときに支払う費用）が設定されている商品を売却するときは手数料が発生します。

運用商品を見直すこともできる

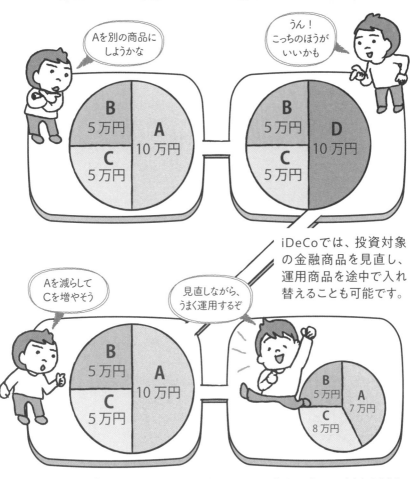

iDeCoでは、投資対象の金融商品を見直し、運用商品を途中で入れ替えることも可能です。

掛金の配分を変更することもできます。リスクの大きい商品の割合を減らして、リスクの小さい商品の割合を増やせば、運用のリスクを下げることができます。

05 iDeCoなら支払う税金が安くなる

iDeCoには税制上でもメリットがあります。運用で得た利益が非課税になり、掛金はすべて所得控除になるのです。

iDeCoには税制上のメリットが2つあります。ひとつ目のメリットは、**非課税**。2つ目のメリットは**所得控除**です。通常、金融商品の運用で利益を得た場合、その利益の約20%の税金がかかります。ですが、iDeCoなら利益を出しても非課税なのです。なお、NISAでは積立をはじめた年から最長20年が非課税期間ですが、iDeCoなら期間に制限がありません。

利益が出ても税金は支払わなくていい

通常、株式投資や投資信託などの投資で得た利益には約20%の税金がかかります。

iDeCoの運用で得た利益は非課税なので、税金が発生しません。

2つ目の所得控除ですが、iDeCoでは支払った掛け金が全額、所得控除になります。つまり、**税金が発生する所得が減るので、支払わないといけない所得税と住民税が安くなる**のです。詳しくは下に掲載した表を見ていただきたいのですが、毎月の掛金が1万円だと年間で2万4000円の節税になります。なお、所得控除を受けるためには、確定申告や年末調整の手続きが必要です。

所得控除で所得税と住民税が安くなる

税率	税率		年間の節税額		
税率	所得税	住民税	掛金10000円／月	掛金15000円／月	掛金20000円／月
195万円以下	5%	10%	18000円	27000円	36000円
195万円超330万円以下	10%	10%	24000円	36000円	48000円
330万円超695万円以下	20%		36000円	54000円	72000円

すごい！

所得税と住民税がこれだけ安くなる！

iDeCoの掛金はすべて所得控除となります。課税される所得が減るので、所得税と住民税が安くなります。所得控除の対象にするには、確定申告の手続きが必要です。会社員で口座振替で掛金を納めているなら、年末調整での申告も可能です。

06

iDeCoで
注意しておくべき点

iDeCoにはメリットだけでなく、忘れてはいけない注意点が2つあります。それは資金ロックと受け取る際の税金です。

iDeCoには注意点として、「原則的に60歳になるまで引き出せない」「お金の受け取り方によって**税金**が変わる」というものがあります。iDeCoは原則60歳までは積み立てた資金を引き出せません。これを**資金ロック**と呼びます。子どもが増えたり、病気になったり、住宅を購入したりしてお金が必要になっても途中解約はできないのです。

60歳になるまでお金を引き出せない

iDeCoで運用したお金は60歳になるまで受け取ることができません。なお、つみたてNISA（Chapter5参照）であれば、いつでも引き出すことができます。急に大きな支出が必要になる場合は、つみたてNISAのほうが便利かもしれません。

iDeCoは運用益が非課税で、掛金も所得控除の対象ですが、**60歳になって年金として受け取る際には税金がかかります**。この際には運用益と掛金を合わせた年金資産全体が課税対象になります。受け取り方は、一時金として一括で受け取るか年金として分割で受け取るかを選ぶことができ、一時金で受け取ると退職所得控除によって税金がかなり軽減されます。

受け取り方には3つの選択肢がある

① 年金

分割してお金を受け取る方法です。受け取るたびに手数料が発生するほか、所得税と住民税がかかります。また口座管理手数料も払い続けないといけません。

② 一時金

一時金は全額一度に受け取る方法です。税制上では退職金扱いになるので、退職所得控除を受けられ、大きな節税効果があります。

③ 併給

年金と一時金を組み合わせた受け取り方法です。一時金の分だけ年金収入の金額が下がるので、税金や国民健康保険料を抑えられます。

07 iDeCoとつみたてNISAの違いは何？

将来のための資産形成で注目される、iDeCoとつみたてNISA。
両者にはどういった違いがあるのでしょうか？

Chapter 5で紹介した「つみたてNISA」もiDeCoと同じく老後資金をつくる投資として注目されていますが、どちらにもメリットとデメリットが存在します。両者にはどういった**違い**があるのでしょうか？　まず、iDeCoには、掛金が全額所得控除になるという独自の税の優遇があります。ただし、**受け取り時にはiDeCoは課税されます（つみたてNISAには課税なし）**。

iDeCoなら積立時の税制の優遇がある

iDeCoとつみたてNISAを比較したときのiDeCoの大きなメリットは、掛金がすべて所得控除になるという点です。ただし、受け取り時には課税されて、口座管理などの手数料も発生します。

iDeCoのデメリットは、60歳まで引き出せない点です（つみたてNISAはいつでも引き出せます）。

税金を少しでも軽減したい人、お金をいつでも引き出せる状態だと使ってしまう人には、iDeCoがおすすめです。

142〜143ページでも解説した通り、iDeCoは60歳になるまでお金を引き出すことができません。一方、つみたてタイプのNISAはいつでも引き出すことができます。こうした違いから、税の負担を少しでも減らしたくて途中で資金を使ってしまわないか不安な人はiDeCoを、老後資金だけでなく、住宅購入などの資金形成が目的だとつみたてタイプのNISAがおすすめです。

つみたてタイプのNISAはしくみがシンプル

つみたてタイプのNISAのメリットは、「いつでも引き出せる」「受け取り時の課税がない」「口座管理などの手数料がない」です。

住宅購入費が必要だ

つみたてNISAを引き出しましょう

つみたてNISAは短期間で利益を得られる分、逆に短期間でお金を失うリスクもありますが、iDeCoよりシンプルではじめやすいでしょう。

Column 06

老後に向けての
資産づくりをしておこう

　昨今、少子高齢化が進み、高齢者の割合がどんどん増えています。「このままだと、年金だけでは老後の生活に必要な資金をまかないきれないのでは?」という懸念を抱く人も、かなり多いのではないでしょうか。もし、老後の生活費が年金で足りなかった場合、それを補うのは自身の貯蓄ということになります。

　老後生活を送る高齢者は、基本的に収入よりも支出が多くなりがちです。また、仕事から得られる収入がないので、それまでにどれだけの資産をつくれているかが重要になってきます。預貯金だけでは補えないことがほとんどなので、長期的な投資や積立、iDeCoのような個人で運用する年金制度などを活用して、早いうちから資産形成をしていくことが必要です。

　ゆとりのある老後生活を送るためには、十分な資金が必須。あとあと苦しまないように、今からしっかりと準備を進めていきましょう。

☑ KEY WORD
iDeCo

公的年金とは別に受け取ることができる個人の年金制度です。加入者が自ら掛金を出し、選んだ金融商品を運用して、老後の資金を準備します。法改正により、加入年齢が65歳までに引き上がりました。

☑ KEY WORD
運用商品

iDeCoの運用商品は、主に定期預金のような元本が確保された商品と、投資信託のように元本が変動する商品の2つに分けられます。ひとつの商品だけだとリスクが高いので、商品を組み合わせてリスクを分散させるのがよいでしょう。

☑ KEY WORD
見直し

iDeCoは、掛金や運用商品を途中で変更することができます。基本的に変更手数料はかからないので、そのときの生活状況に合わせて、たまに運用を見直すのがおすすめです。

☑ KEY WORD
資金ロック

iDeCoは、運用した年金資産を途中で引き出すことができません。つまり、資金をロックされてしまうのです。もしものときにも引き出せないので、貯蓄の用意がほかにない場合は、iDeCoの運用を見直したほうが賢明です。

7 Chapter

JIKANJUTSU
mirudake notes

株式投資で
お金を増やす

投資といえば、まず株式投資を思い浮かべる人も多いはず。何となく聞いたことはあっても、実際のお金の増やし方や、株式の選び方までは詳しく知らないのではないでしょうか。本章では、株式投資をはじめる手順やポイントを紹介していきます。

01 株を買えばその会社のオーナーになれる

株式投資では、株（株式）を売買することで利益を得られるだけでなく、その会社の経営方針に影響を与えることもできます。

投資の対象となる株（株式）とは、株式会社が発行する証券のことです。株式会社は事業のために必要なお金を、株式を発行することで集めます。投資家たちに株式を買ってもらい、そのお金を事業に使うのです。株式を買った投資家は、その会社の**株主**になります。株主になると、株式投資で利益を得られるだけでなく、会社の経営方針を決める株主総会にも参加できます。

株式会社は株式を発行して資金を集める

企業が事業のための資金を調達する手段のひとつが、株式（株）の発行です。株式を買ってもらって、その代金で事業を行います。

投資家が売買できる株式は、株式市場（証券取引所）に出された株式だけです。市場に株式を出すことを上場といい、上場された株式を投資家は売買します。**多くの投資家がほしいと思う人気の株式は値段（株価）が上昇し、多くの投資家が手放したいと思う不人気の株式は株価が下落します**。世界的な情勢、国内の景気、政府の方針などが株価に影響を与えることもあります。

売買できるのは市場に出ている株式だけ

多くの人が買おうとする企業の株式は株価が上がり、多くの人が売ろうとする企業の株式は株価が下がります。株価は売買を通じて変動していくものです。

02 株式投資で儲けるための ポイントは2つある

株式投資で得られる利益には2種類あります。株価の値上がりで得られる利益と、株式を売って得られる利益です。

投資家が株式で利益を出す方法は2つあります。ひとつ目の方法は、会社が出した利益の一部を株主の権利として受け取るというものです。これを**インカムゲイン**といいます。株主からの投資で事業を行う株式会社は、利益を出したときに、その一部を配当として株主に還元するのです。配当は「1株あたり○○円」という形で支払われるので、保有株数が多い株主ほど儲かります。

利益の一部をもらうインカムゲイン

会社が利益を上げたとき、その利益の一部が株主に配当として支払われます。株式を多く保有していると、よりたくさん配当がもらえます。

会社が利益を出せなかった場合、配当の金額が下がったり、配当が出なかったりすることも。ベンチャー企業のなかには、利益を成長のために使って、配当を出さない会社もあります。

2つ目の方法は、株式が値上がりしたときに売却するというものです。買ったときよりも高い値段で売れば、差額で利益が得られます。この利益のことを**キャピタルゲイン**と呼びます。株価は企業の業績や人気で上下します。安く買って高く売るのがキャピタルゲインを得る基本ですが、**企業の業績が悪く株価が下がってしまうと利益が得られず、損をすることになります。**

株を売って儲けるキャピタルゲイン

100株買おう

差額が命！

購入時の株価は1株1000円。その株式を100株、10万円で買いました。

値上がりした売ろう

儲かった！

株価が1株2000円に上昇しました。ここで売れば、差額で儲けが出ます。

売却すると2000円×100株＝20万円が入ってきます。売却額20万円−購入額10万円＝キャピタルゲイン10万円。10万円の儲けです。

株を買ったときと売ったときの差額で儲けるのがキャピタルゲインです。株価が下がった場合は、損失が出ます。

03 株主はお得な株主優待を受けられる

投資した企業から得られる利益はお金だけではありません。その企業の施設・店舗で使える割引券などももらえるのです。

株主が得られる利益として152〜153ページでインカムゲインとキャピタルゲインを紹介しましたが、株主のメリットはそれ以外にも存在します。企業によっては**株主優待**という形で、さまざまなプレゼントがもらえるのです。その内容は会社によって違いますが、企業が運営する施設で使える割引券や、金券、食料品、日用品、その会社の限定商品などがもらえます。

企業から株主へ贈られるプレゼント

どれにしようかな

割引券、優待券
その企業が運営する施設・店舗（ホテル、映画館、遊園地、飲食店など）で使える割引券や優待券。

金券
QUOカード、ギフトカード、図書カード、お米券など。

食料品、日用品
食品、お酒、ジュース、家庭用品、美容品、サプリ、カタログギフトなど。

限定品
株主しかもらえないオリジナルグッズ。特にオモチャ会社の限定品は特に人気。

企業によっては、株主は株主優待を受けられます。企業のビジネスに関連した商品などが贈られるのです。

株主優待を受けるためには、保有株数や保有年数などの条件があるので、株式の購入前にその企業のホームページをチェックしましょう。また、**原則として権利確定日までにその会社の株式を1単元（取引が行われる売買単位のこと）持っていないといけません**。権利確定日は、多くの場合、決算日です。この日に株主になっていれば、株主優待を受けられるのです。

株主優待を受けるための条件

権利確定日の2営業日前までに買うと株主名簿に登録され、株主優待を受けられます。

はやめに動かないと……！

営業してません

決算日です

営業してません

3月31日（月）
権利確定日

この日に買わないと間に合わない

3月30日（日）
非営業日

3月29日（土）
非営業日

3月28日（金）
1営業日前

3月27日（木）
2営業日前

企業によっては保有株数、保有期間の条件がある場合もあります。企業のホームページなどで確認しましょう。

土日や祝日などの非営業日を挟む場合は、要注意です。ここでは、非営業日の土日を挟むので、木曜日に株式を購入しないと間に合いません。

04 銘柄選びには押さえるべきポイントがある

株式投資をはじめようと思ったものの、どの企業を選べばいいのかわからない……。そんな人のためにポイントをお教えします。

世の中にはたくさんの上場企業が存在しているので、どの会社の株式を買えばいいのか迷う人もたくさんいます。**銘柄選び**（銘柄とは株式の名称のこと）には、押さえておくべきポイントがいくつかあります。ポイント①は、「情報収集しやすいように、興味のある分野の会社を選ぶ」というものです。好きな分野であれば、楽しみながら投資に役立つ情報をチェックできます。

興味のある分野で銘柄を探す

自分が興味を持っている分野で、株式を買う会社の候補を探しましょう。株式投資では「新製品開発」「新ブランド始動」といった情報収集が重要です。

ポイント②は「社会的に注目されている会社を選ぶ」です。世の中で需要が高まっている会社、商品のヒットでブームを巻き起こしている会社、専門家が注目する会社などを狙いましょう。また、**株価は自然災害、国の金融政策、国内外の景気などの影響も受けます**。アンテナを張って、社会の動きをこまめにチェックしましょう。

災害や政策、景気の情報もチェックする

株価は会社の業績以外の要素にも影響を受けます。ニュースを見て、世の中全体の動きもチェックする習慣を身につけましょう。

05 決算書の情報から 会社のリアルを読み解く

表面的なイメージではよく見える会社も、財務状況が悪いのかもしれません。投資先を選ぶために本当の姿を知りましょう。

投資先を選ぶためには、その会社の情報をちゃんと把握する必要があります。表面的なイメージはよくても、実情はまったく違うかもしれません。まずは会社の基本データを押さえましょう。基本データとは、事業内容、所在地、従業員数、業績などのことです。基本データは会社の公式サイトや、東洋経済新報社が発行する『会社四季報』を見ればチェックできます。

データで企業の本当の姿を見る

ある企業が「勢いがある」「業界で一番すごい会社」という世間的なイメージを持っていたとしても、実情はまったく違うかもしれません。東洋経済新聞社から年4回発行される『会社四季報』を見れば、その会社の本当の状況がわかります。

その会社の財務状況を知る上で、一番頼りになるのが**決算書**です。**決算書は会社の成績表や健康診断書にもたとえられる書類です**。上場企業であれば、公式サイトに掲載されています。決算書のメインの部分は損益計算書、貸借対照表、キャッシュ・フロー計算書で構成されます。難しいと感じたら、一般向けにわかりやすくまとめられた決算説明会資料をチェックしましょう。

決算書は企業の成績表・健康診断書

損益計算書

会社がどれだけ利益を出したのかが書かれています。当期純利益がプラスなら黒字です。

今期これだけ利益が出ました

決算説明会資料

株主に財務状況を説明するための資料で、専門知識がない人でもわかりやすい内容になっています。

我が社はこのぐらいの借金があります

現金の動きはこうなっています

貸借対照表

会社の資産の中にどれだけ負債（借金）があるのかがわかります。

キャッシュ・フロー計算書

現金がどれだけ増減したのかを示しています。会社の現金の動きがわかります。

決算書は、ある期間の会社の財務状況を記した書類です。上場企業は公式サイトの「IR情報」（株主や投資家に提供する、経営状況に関する情報のこと）のところに決算書は掲載されています。

06 実際に株式を購入するには どうすればいいのか

さまざまな情報をチェックして、投資先の企業が決まったら、次は株式の購入です。手軽で便利なネット証券を利用しましょう。

投資する会社が決まったら、いよいよ株式の購入です。株式は証券会社を通じて購入します。手軽でおすすめなのが、ネット証券会社です。**手数料や画面の見やすさ、使いやすさなどを比べて、会社を選びましょう。**口座を開いたら、そこに入金し、入れた金額の範囲内で買う株式の銘柄と株数を選びます。入金額は、10万円ぐらいからスタートするとよいでしょう。

株式の売買のための手順

手数料が安いからこのネット証券にしよう

❶ネット証券で口座を開く

使いやすさや手軽さからネット証券で口座をつくるのがおすすめです。

❷口座に入金

最初の入金額は10万円ぐらいからはじめてみましょう。なお、株式は最低100株からしか買えないという決まりがあります。

10万円入金したぞ

「見るだけ商事」だっけ？
「みるだけ商事」だっけ？

❸銘柄を指定して購入

買う銘柄を決めて、購入します（注文方法は162〜163ページ参照）。似た名前の会社も多いので、銘柄コードも確認してください。

買う銘柄を間違ってしまうミスもあります。購入時には会社名だけでなく、4ケタの**銘柄コード**も確認しましょう。似た社名の会社も少なくないので、忘れずにチェックしてください。また、株式を取引できる時間は東証だと月〜金曜日の午前9時〜11時30分、午後0時30分〜3時と決まっています。ネット証券だと24時間注文できますが、取引が成立するのはその時間内です。

取引ができる時間は決まっている

東京証券取引所が取引を行っている時間帯は、平日の9:00〜11:30と12:30〜15:00です。午前の取引を「前場」、午後の取引を「後場」と呼びます。

午前の
取引時間の
前場です

午後の
取引時間の
後場です

ネットなら早朝や深夜でも
注文できるけど取引成立するのは
前場と後場の時間帯だ

ネット証券だと24時間いつでも注文できますが、取引が成立するのは、証券取引所が取引を行っている時間帯です。

07 株式の注文方法には成行と指値がある

株式を売買するためには、値段や株数を指定しないといけません。売買には、成行と指値という2種類の方法が存在します。

株式の売買での注文方法には、**成行**（なりゆき）と**指値**（さしね）の2種類があります。どちらにもメリットとデメリットがあるので、特徴を覚えましょう。成行は、「いくらでもいいから、この銘柄を100株買います」というように、値段を指定しません。取引が成立しやすいというメリットがある反面、予想外の値段で売買が行われるかもしれないというデメリットがあります。

値段を指定しないで注文する成行

株価を指定せず、「いくらでもいいから、この銘柄を100株」といった形で売買の注文をするのが成行です。

メリット
取引が成立しやすいです。

デメリット
想定外の値段で取引が成立することもあります。

指値は「この銘柄を1株1000円で100株買います」といった感じで、値段も株数も指定します。予想外の値段で売買されることを避けられますが、いつまで経っても取引が成立しないかもしれません。成行と指値以外に、**「指定した金額以上になったら買う」「指定した値段以下になったら売る」という逆指値注文もあります**。損失の拡大を防げる注文方法です。

値段を指定して注文する指値

株価を指定して、「1000円でこの銘柄を100株」といった形で注文をするのが指値です。

「指定の金額以上になったら買う」「指定の金額以下になったら売る」といった形で売買の注文をします。損失を一定の金額内に抑えることができるメリットがあります。

163

08 チャートを見れば株価の動きが予測できる

株式は売買のタイミングが重要です。そのタイミングを判断するときに役立つのが、株価の動きを記した株価チャートです。

株価の動きはチャートを見ると把握できます。**株価チャートは、1日、1週間、1カ月など、一定期間の株価の動きをグラフにしたものです。** チャートで、今後の株価の動きを予測することもできます。ちなみに、チャートをもとにした分析を「テクニカル分析」、企業の業績や社会状況をもとにした分析を「ファンダメンタルズ分析」と呼びます。

株価の動きを示すローソク足

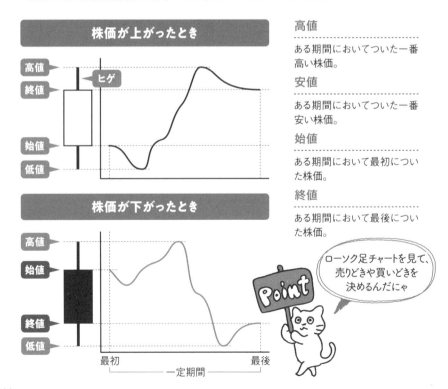

株価が上がったとき

高値
終値
ヒゲ
始値
低値

株価が下がったとき

高値
始値
終値
低値

最初　一定期間　最後

高値
ある期間においてついた一番高い株価。

安値
ある期間においてついた一番安い株価。

始値
ある期間において最初についた株価。

終値
ある期間において最後についた株価。

ローソク足チャートを見て、売りどきや買いどきを決めるんだにゃ

Point

株価チャートは「**ローソク足**」「移動平均線」「出来高」という３つの要素で構成されています。ローソク足は、ある一定期間での株価の動きを示したものです。出来高は売買が成立した株数を示した棒グラフで、その時点での相場の勢いがわかります。移動平均線は株価の平均値をつなげたグラフで、株価の動きの大まかなトレンドがわかります。

株価チャートは３要素で構成されている

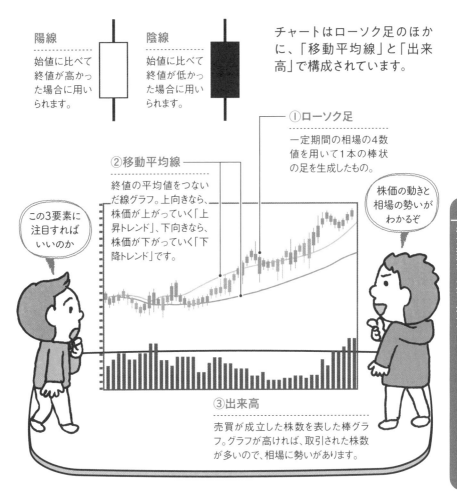

陽線
- - - - - - - - - - -
始値に比べて
終値が高かっ
た場合に用い
られます。

陰線
- - - - - - - - - - -
始値に比べて
終値が低かっ
た場合に用い
られます。

チャートはローソク足のほか
に、「移動平均線」と「出来
高」で構成されています。

①ローソク足
- - - - - - - - - - -
一定期間の相場の4数
値を用いて1本の棒状
の足を生成したもの。

②移動平均線
- - - - - - - - - - -
終値の平均値をつない
だ線グラフ。上向きなら、
株価が上がっていく「上
昇トレンド」、下向きなら、
株価が下がっていく「下
降トレンド」です。

株価の動きと
相場の勢いが
わかるぞ

この3要素に
注目すれば
いいのか

③出来高
- - - - - - - - - - -
売買が成立した株数を表した棒グラ
フ。グラフが高ければ、取引された株数
が多いので、相場に勢いがあります。

09 株を買ったあとは 売りどきを見極める

株式投資で大きな利益を得るためには、よいタイミングで株式を売る必要があります。いつ売るかが重要なのです。

株式投資において、「株を買ったら終わり」ということはありません。株式を保有していればインカムゲインは得られますが、よりリターンの大きいキャピタルゲインは株式を売却しないと得られないのです。株式の売りどきを見極める必要がありますが、迷いすぎないように自分の中で「〇%上昇または下落したら売る」などといった、**売りのルール**を決めるといいでしょう。

自分のなかで「売りのルール」を決める

でもまだ上がるかもしれないし

迷う〜

そろそろ売ろうかな

売りのルールの例
・株価が〇%上がったら、または下がったら売る
・自分の目標株価の〇円に達したら売る
・投資先の会社の業績が下がったら売る
・投資先の会社のコンプライアンス違反が発覚したら売る

株式投資でキャピタルゲイン（153ページ参照）を得るためには、保有している株式を売らなければいけません。売りどきを逃さないために、自分なりの「売りのルール」を決めておきましょう。

売りどきは投資家のスタンスによっても変わってきます。デイトレードを行う人は、1日という短期間の中で株式を売買して利益を得ようとします。こうした投資方法は「投機」とも呼ばれます（71ページ参照）。これに対して「投資」は成長が期待できる企業を長い目で見守るもので、**少ないストレスで将来のためにお金を増やしたいという人には「投資」のほうがおすすめ**できます。

ストレスなくお金を増やすなら投資

株式の売りどきは、投資と投機で大きく異なります。

投機	投資
短期間での相場の値動きを利用して利益を得ます。1日のうちに売買を行うデイトレードは代表例です。	将来的な利益を求めて、投資先の企業の成長を長い目で見守ります。リターンが大きく、リスクを抑えられます。

Column 07

将来の一番の備えは健康に気をつけること

　人生100年時代ともいわれる現代。医療の進歩によって平均寿命が長くなっているからこそ、気をつけなければならないのが健康寿命です。

　人の手を借りずに着替えたり、食事をしたり、お風呂に入ったりと、問題なく自立した生活が送れる期間のことを健康寿命といいます。いくら長く生きられたとしても、その間ずっと健康でいられるとは限りません。年を重ねるほど、病気になる割合も増えていってしまうもの。通院が多くなり、どうしても医療費がかかってきます。健康でいることは、医療費を抑え、出費を少なくすることにもつながるのです。

　老後を豊かに過ごすためには、何よりもまず健康であることが大切。もし老後に備えて資産をしっかり形成できていたとしても、健康でなければ苦しい生活が続くだけです。老後を楽しむ土台として、心身ともに健康でいることを目指しましょう。

☑KEY WORD
インカムゲイン、キャピタルゲイン

不動産の家賃収入のように、資産を保有することによって安定的に、継続的に得られる利益をインカムゲインといいます。一方で、資産の売却によって得られる利益はキャピタルゲインといい、購入時と売却時の差額が利益となります。

☑KEY WORD
決算書

一定期間における、企業の利益と損失を計算してまとめた書類です。これを見れば、企業の経営成績や財務状況を知ることができます。株式投資をする際は、投資する企業の情報を決算書から詳しく分析することが大切です。

☑KEY WORD
銘柄コード

すべての上場企業に割り振られている4桁の番号のことです。もし同じ名前の企業があっても、この銘柄コードで識別することが可能です。企業の株式を調べたり、実際に証券取引をしたりする際に必要となります。

☑KEY WORD
ローソク足

始値・高値・安値・終値からわかる一定期間の株価の値動きを、ローソクの形に似た図で表したものです。過去のデータや現在の値動きを、ひと目で確認することができて便利です。

お金の不安がなくなれば
人生が豊かになる

　本書を最後までお読みいただき、ありがとうございました。初心者の方でも無理なくお金を増やす方法を紹介しましたが、いかがだったでしょうか？

　投資についてよくわからない人は、「何となく怖い」という理由で敬遠してしまいがちです。ただ、しくみや知識など、押さえておくべきポイントがわかれば、誰でも気軽にはじめられることが、ご理解いただけたかと思います。

　本書で紹介した投資方法はひと握りであり、ほんの入口にすぎません。金融商品というのは非常にバラエティに富んでおり、短期間で大きなリターンが狙えるものも少なからず存在します。

こんな時代ですから、将来のためにたくさんのお金を増やしたい気持ちもわかりますが、あくまで投資は「急がば回れ」が大原則です。近道をしたり危険な道を通ったりすると、結局は遠回りになってしまいます。むしろ時間をかけてゆっくり育てたほうが、早く目的地にたどり着けるというものです。

　お金はあるにこしたことはないですが、たくさん持つことをゴールにするのはとても危険です。しっかり自分の人生を見据えて、困らない分だけ準備できていれば何の問題もありません。それこそが最も正しいお金の増やし方ではないでしょうか。

　　　　　　　　　　　　　　　　　　　伊藤亮太

◉ 主要参考文献

『ゼロからはじめる！ お金のしくみ見るだけノート』
（伊藤亮太 監修、宝島社）

『超図解 お金再入門』
（伊藤亮太 監修、PHP 研究所）

『NISA・iDeCo・投資信託・株・保険の損と得がゼロからわかる 投資の基本ゆる図鑑』
（伊藤亮太 監修、宝島社）

『使い方から貯め方、増やし方まで1時間でわかる お金の基本ゆる図鑑』
（平野敦士カール 監修、宝島社）

『お金の不安がなくなる資産形成1年生』
（小林亮平 著、KADOKAWA）

『数字が苦手でもわかりやすい！ 文系女子が幸せになる投資BOOK』
（大竹のり子 著、日本文芸社）

『明日からお金を増やす方法大事典』
（大竹のり子 監修、西東社）

『ずぼらな人でも絶対に損しない 手取り17万円からはじめる資産運用』
（横山光昭 監修、宝島社 ）

『世界一やさしい 株の教科書1年生』
（ジョン・シュウギョウ 著、ソーテック社）

『図解 知識ゼロからはじめる株の入門書』
（安恒 理 著、ソシム）

『いちばんカンタン！ 株の超入門書』
（安恒 理 著、高橋書店）

『投資デビューしたい人のための資産運用のはじめ方がよ～くわかる本』
（前田通孝 著、秀和システム）

『一生困らない自由を手に入れる お金の教室』
（森本貴子 著、大和書房）

『ケチケチせずに「お金が貯まる法」見つけました！』
（風呂内亜矢 著、三笠書房）

『親子で学ぶ お金と経済の図鑑』
（子どものための「お金と経済」プロジェクト 著、技術評論社）

🌀 STAFF

編集	細谷健次朗（株式会社 G.B.）
執筆協力	龍田 昇、玉木成子、内山慎太郎、 上田美里、村沢 譲、三ツ森陽和、吉川はるか
本文イラスト	藤井まさこ
カバーイラスト	ぷーたく
カバーデザイン	別府 拓（Q.design）
本文デザイン	別府 拓（Q.design）
DTP	川口智之（株式会社シンカ製作所）

監修 伊藤亮太（いとう りょうた）

1982年生まれ。岐阜県大垣市出身。2006年に慶應義塾大学大学院商学研究科経営学・会計学専攻を修了。在学中にCFP®を取得する。卒業後は証券会社に入社し、営業、経営企画、秘書業務などを経て2007年11月に「スキラージャパン株式会社」を設立。現在、個人の資産設計を中心としたマネー・ライフプランの提案・策定・サポートなどを行う傍ら、法人に対する経営コンサルティング、相続・事業承継設計・保険設計の提案・サポートなども行う。金融や資産運用、社会保障（特に年金）、保険をテーマにした講演でも多くの実績を持ち、FP受験講座の講師としても定評がある。著書に『ゼロからわかる金融入門 基本と常識』（西東社）、監修書に『ゼロからはじめる！お金のしくみ見るだけノート』（宝島社）などがある。

知識ゼロから2時間でツボがわかる！
お金の増やし方見るだけノート

2023年3月30日　第1刷発行

監　修　　　伊藤亮太

発行人　　　蓮見清一
発行所　　　株式会社 宝島社
　　　　　　〒102-8388
　　　　　　東京都千代田区一番町25番地
　　　　　　電話　営業：03-3234-4621
　　　　　　　　　編集：03-3239-0928
　　　　　　https://tkj.jp

印刷・製本　サンケイ総合印刷株式会社